これからの社長夫人は財務分析のプロになれ！

さすがNo.2!と言われる
決算書の読み方・経営への活かし方

日本で唯一の
社長夫人育成コンサルタント
矢野千寿 著

アーク出版

これからの社長夫人は財務分析のプロになれ！

——さすがナンバー2！と言われる　決算書の読み方・経営への活かし方

目　次

プロローグ

第1部●決算業務を自計化する

◎決算業務の自計化こそが社長夫人を育て、会社を苦難から守る

1章

2章

社長の求める「先が見える」資料を作る
——どうすれば決算書が経営判断に役立つ資料となるのか

第2部●決算書を読み解き、経営に活かす

◎経営判断に役立つような決算書の読み方を身につける！

4章

決算書を読む視点1
イザというときあなたの会社は大丈夫か

——中小企業にとってなにより大切な「安全性」の分析と、より高めるための対策

5章

決算書を読む視点2
あなたの会社にはどれくらい儲ける力があるか
——会社経営の目的である「収益性」の分析と、問題点を解決するための対策

6章

決算書を読む視点3
あなたの会社はバランスよく成長しているか
——収益性とともに会社経営の柱となる「成長性」の分析と、衰退を防ぐための対策

7章

決算書を読む視点4
あなたの会社の社員はどれだけがんばっているか
――会社が生み出す付加価値がわかる「生産性」の分析と、効率を高めるための対策

8章

決算書を読む視点5

いくら売上を出せば目標達成できるのか

――売上目標を確定させる「採算性」の分析と、目標を達成するための対策

エピローグ

今こそ、意識改革のとき

社長夫人が変われば、会社も変わる

カバー装幀●石田嘉弘
本文DTP●ダーツ

プロローグ

中小企業が幸せになれるかどうか
カギを握るのは社長夫人

「経営マインド」を持つ社長夫人が会社を活性化させる

2
3
4
5
6
7
8
9
10
11
12

会社の幸せとは……

もう30年近くも前の話です。夫が病に倒れたため、私はある会社の経理事務員として働くことになりました。

私が入社した年、その会社は５００万円の赤字を出していました。翌年、赤字は２００万円に減りました。そして3年目に黒字転換し、４年目、５年目で３０００万円の利益を出したのです。

業績回復した喜びを分かち合うため、社長は、20人の社員全員に決算賞与*を出すことにしました。赤字が続いていた間、一緒に苦労してくれた社員たちです。できるだけのことをしてあげたいと思ったことでしょう。

社長は帳簿の数字をにらみながら、あれこれ悩み、何度も計算し直し、どのくらいなら出せるかを考えました。経理を担当していた私も相談を受けました。しかし、それまで赤字経営を続けてきたこともあり、最終的に決算賞与として確保できた金額は１００万円でした。１人１００万円ではありません。20人合わせて１００万円です。

そのとき、私は痛切に思い知ったのです。たとえ３０００万円の利益が出ても、社員に分配できる賞与は一人あたりわずか5万円にしかならない。会社の利益とはそういうものだ。よほど大きな利益を出さなければ、社員一人ひとりにまでは行き渡らず、社員は幸せになれないものなのだ……。

決算賞与
会社の業績によって支給される賞与。年2回の通常賞与は、額の増減はありますが、賃金規定でほぼ確実に支給されるのに対し、決算賞与は業績が悪ければ支給されません。期末が近づいて、業績が好調であったり、実際に決算をして目標を達成しているときなどに支給されます。

そんなことを考えている私の隣で、ある社員が言いました。
「ああ、よかった。来年も決算賞与をもらえるように、みんなでがんばろう！」
なんてうれしいことでしょう。たった5万円の賞与でもこんなに喜んで、会社のためにがんばろうと言ってくれる社員がいるのです。そして、こういう社員が増えれば、会社はもっとよくなるはずです。私は、彼らのためにも、会社はもっと利益を出さなければならないと思いました。

今、私は日本でただ一人の「社長夫人育成コンサルタント」として、全国各地をかけ回り、中小企業の経営をお手伝いしています。顧問先の会社にお邪魔して帳簿を見せていただくとき、私が徹底的にこだわるのは「利益」です。あのときの社員の言葉が今も脳裏に染みついているからです。

会社の幸せとは何でしょう。社会的評価、売上規模、社長の夢の実現、社会貢献……。いろいろな要素が考えられますが、第一はやはり財務状態が健全なことではないでしょうか。借金の返済に追われて汲々としているようでは、経営が安定せず、社員に満足な給料も払えません。

そして、会社の財務状態をよくするために何より重要なものは、売上ではなく利益です。いくら売上が多くても、利益が薄ければ何も残りません。会社の利益が上がらなければ、社長も社員も幸せにはなれないのです。

会社と社長夫人の運命は一蓮托生

会社に利益が出なければ、もちろん社長夫人だって幸せにはなれません。

とくに中小企業の場合は、会社の財務状態と社長夫妻の家計が一体化しているようなところがあります。自宅が会社の借金の担保*になっているケースや、社長夫人が保証人*になっているケースが多いため、会社の業績が悪化し、倒産などということにでもなれば、社長夫妻は住む家さえ失ってしまいます。生活基盤がすべて崩壊し、離婚に至ることだって珍しくはないのです。

縁起でもないことばかりお話ししてしまいましたが、これはまぎれもない社長夫人の宿命です。

そして、社長夫人の宿命と言えば、忘れてならないことがもう一つ。社長夫人こそは、多くの場合、第一の事業継承者*だということです。不幸にして社長に万一のことでもあれば、夫の事業を継承するという大きな責任がのしかかってきます。

社長夫人は、まず自分がそういう立場にあることを自覚しなければなりません。まさに、会社の運命と社長夫人の運命は一蓮托生なのです。

しかし、「社長夫人」が秘めているのは、そのような「負」の可能性ばかりではありません。

会社の経営が順調で、十分な利益を生み出すことができれば、社長も社員も幸せになれ

借金の担保
借金の返済ができない場合に備えてあらかじめ貸主に提供しておく財産や権利。保険として、不動産などに抵当権を付けたり、実際に物を預けたりすることを「物的担保」といいます。これに対して、保証人や連帯保証人を付けることを「人的担保」といいます。

保証人
債務者が借金を返済しない場合に、借りた人に代わって、その借金を返済することを約束した人のことです。「保証人」にくらべて「連帯保証人」の責任は重く、債務者とまったく同じ義務を負います。

る。もちろん、社長夫人も幸せになれます。そして、みんなが幸せであれば、会社はますます発展します。理想的なサイクルです。

ここで重要なのは、そういう幸せのサイクルを実現するために、社長夫人には、社長夫人だからこそ果たせる大きな役割があるということです。社長夫人としての宿命を受け入れる覚悟と、社長夫人としての役割を果たそうとする強い意思があれば、社長夫人は会社が利益を上げ、業績を拡大するために大きく貢献することができるはずです。

◆社長夫人だからこそできること

それでは、社長夫人の役割とは何でしょう。

私は、社長つまり経営者のビジネスパートナーとして、経営マインドをもつ唯一無二の補佐役となり、陰に陽に社長を支えることだと考えています。

たとえば、社長と幹部社員のコミュニケーションがうまくいっていないようなら、関係改善のための橋渡し役になる。社員の士気が落ちているときは、モチベーションを高める音頭をとる。社員の能力が十分に引き出されていないと感じれば、人材育成や意識改革、組織改革の方法を考える。社長が「攻め」の経営で手いっぱいのときは「守り」の体制を固める。そして、社長が悩んでいるときは相談相手となり、社長と夢を共有し、その実現に尽力する……。

社長は孤独なものです。日々、大勢の社員やスタッフに囲まれているようでも、社員の前

事業継承者
社長の後継者として、会社の事業を受け継ぐ人。日本の会社の大部分を占める同族会社の場合、株式のほとんどを社長およびその親族が所有していることが多く、中でもビジネス上のパートナーとして社長を支えていることも多い社長夫人は、実質的に第一の後継者といえます。

で弱音を吐いたり、泣きごとを口にしたりすることは許されません。本音を打ち明け、腹を割って語り合える相手はなかなかいないものなのです。しかも社長は、何があっても絶対に逃げることができません。会社経営のすべての結果が、社長一人の肩に重くのしかかっているのです。

もちろん、社長夫人にも悩みはあるでしょう。社長との意識の違いに葛藤することもあるでしょうし、不平不満もあるでしょう。でも、夢だってあるはずです。夫と二人で会社を起こしたとき、あるいは、夫と結婚して家業を引き継いだときには、「こんな会社にしたい」「こんな人生を送りたい」という夢があったはずです。

それは社長だって同じなのです。どんな社長にも夢はあるはず。そして、その夢を社長と共有できるのは社長夫人だけです。社長は、同じ夢を語り合い、ともに歩んでくれる人を求めています。それができるのは、妻である社長夫人ただ一人です。だからこそ社長夫人は、社長にとって唯一無二のパートナーとなれるのではないでしょうか。

前著『これからの社長夫人は会社経営のプロになれ！』*は、そうした視点から、とくに「意識」の問題に焦点を当てて、私が考える「ナンバー2の役割学」をまとめたものです。

本書はその続編として、とくに財務関係の「実務」に焦点を当てました。社長夫人が経営マインドをもって財務の一端を担い、実務的なサポートをすることは、きわめて重要な社長夫人の仕事だと考えているからです。

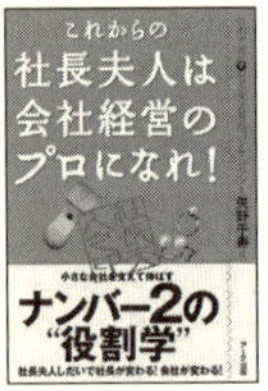
これからの
社長夫人は
会社経営の
プロになれ！
ナンバー2の
“役割学”

前著『これからの社長夫人は会社経営のプロになれ！』

◆社長夫人が「経営マインド」を持てば、これほど頼もしいことはない

アメリカで暮らしたことのある知人から、興味深い話を聞きました。アメリカでは、大学で経営学を学んだような向上心あふれる女性にとって、農場主と結婚することが魅力的な人生の選択肢の一つになっているというのです。

日本の農家と比べ、アメリカの農場は総じて規模が大きいものです。大資本が多くの労働者を雇って運営している大農場などはまさに「ビジネス」ですが、家族経営の農場でも、きちんと運営して成功するためには、かなりのビジネスマインドが求められます。しかし、農場主は現場の仕事で忙しいため、なかなか経営の勉強までできません。そこに、社長夫人ならぬ農場主夫人の活躍の場があるのです。

農場主夫人は夫に代わって、オフィスワークのいっさいを引き受けます。夫が農場で汗を流して働いている間に、収穫高や経費を計算して売上や利益を出し、財務状態をチェックし、市場の動向や作物に関する最新情報を収集して、翌年の作付計画や将来のビジョンを考え……。そこで生きてくるのが、大学で学んだ経営学の知識です。

みごとな役割分担ではありませんか。おそらく二人の夢は一つ。どんどん利益を上げて、農場を拡大していくことでしょう。

残念ながら、日本の中小企業の社長夫人でそこまで経営に参加している人は、ほんの一握りに過ぎません。もちろん、もっと関わりたいと思っている社長夫人はいるはずです。た

だ、日本の企業の体質、日本社会がそういう社長夫人を受け入れ、育ててこなかったのです。

社長夫人が経営マインドをもち、ビジネスパートナーとして社長をサポートできるようになれば、会社にとってもこれほど頼もしいことはないはずなのに……。

私が「社長夫人育成コンサルタント」という仕事を始めたのも、そのためです。

会社を経営するのは、あくまでも社長です。しかし、社長夫人には、会社が毎年、きちんと利益を上げ、財務状態が安定し、社長夫妻も社員も豊かな生活を送れるよう、実務面から会社経営をサポートすることができます。社長との間の意識のギャップも埋まりますから、夫婦関係もよくなります。

つまり、社長と社長夫人が、公私ともに理想のパートナーになれるのです。これは、社長夫妻だけでなく、会社にとっても、社員にとっても、すばらしいことではないでしょうか。中小企業が幸せになれるかどうか、そのカギを握っているのは社長夫人なのです。

第1部

決算業務を自計化する

決算業務の自計化こそが社長夫人を育て、会社を苦難から守る

私は社長夫人育成コンサルタントとして、平成14年から、中小企業の社長夫人を対象に「社長夫人革新講座」を主催しています。

現在、このセミナーにはレベル別に「基礎編」「実践編」「戦略編（夢づくり会計）」がありますが、基礎編のカリキュラムの柱となっているのは、決算業務の「自計化」。つまり日次決算から年次決算まで、すべての実務作業を社長夫人の責任において社内で行えるようになることが目標です。自計化こそが、経営マインドをもった社長夫人になるための第一歩だからです。

日本の中小企業では、決算業務を会計事務所や税理士の先生にまかせっきりにしている会社が少なくありません。そのため、社長夫人や取締役どころか、社長でさえも決算書を読めないことがよくあります。

それは、言い換えれば、社内では誰も自分たちの会社の財務状態がわからないということ。なんて恐ろしいことでしょう。

そんなことでは、いざというときに自分たちの会社を守ることができません。倒産しそうになってから、初めて「こんな状態だったのか」と気づいても、多くの場合は手遅れなのです。経営破たんしそうな中小企業を、はたして会計事務所が助けてくれるでしょうか。銀行は快くお金を貸してくれるでしょうか。

大企業と違って中小企業では人材も少ないのだから、社内で決算業務まではやれないと思われるかもしれません。しかし、中小企業だからこそ自計化が必要なのです。

財政的な基盤の弱い中小企業では、ひとたびキャッシュフローが滞ったら、即、深刻な経営危機に見舞われます。大企業のように、国が保護してくれるわけではありません。自分たちの会社は自分たちで守る、これは中小企業が生き延びるための鉄則です。決算業務の自計化も、そのために不可欠なのです。

自らの責任のもとにすべての決算業務を行えば、社長夫人はつねに自分の会社の財務状態を正確に把握していられます。社長が重要な経営判断を下すうえで役立つデータを、いつでも提供することができます。このままでは危険だと思えば、社長に報告して早めに手を打つこともできます。売上や利益が伸びない場合には、さまざまな数字を分析することで自分たちの会社のどこに問題があるかを知り、改善策を考えて社長に提言することもできます。

決算業務の自計化に、計り知れないほどのメリットがあることがおわかりいただけるでしょう。自計化を実現できてこそ、社長夫人は名実ともに社長のビジネス・パートナーとなれるのです。

そこで本書の第1部では、決算業務の自計化を実現するために必要な実務的な知識についてお話していきます。

1章では、一般に「決算書」と呼ばれる財務諸表のなかでも、とくに重要な貸借対照表と損益計算書が何を教えてくれるのかについて説明します。

2章では、決算業務全般における社長夫人の役割を中心に話を進めていきます。

そして3章では、中小企業にとって何より重要な「キャッシュフロー」の意味と、決算書の読み方について学んでいきます。

1章

財務がわかる社長夫人が会社を伸ばす

的確な経営判断は決算書の読み下しから

「取締役社長夫人」に甘んじてはいけない！

会社の決算書を読んだことがありますか？

ある観光関係の会社の社長夫人A子さんと一緒にお昼を食べていたとき、A子さんがちょっと不満気にもらしました。

「私の役員報酬*は月に8万5000円なんですよ。社長夫人って言っても、そんなものなんですね……」

8万5000円――この金額にピンと来た方は多いでしょう。社長夫人が報酬を得ても申告する必要がなく、夫つまり社長の扶養家族*として認められる限度額です。

「社長夫人」という言葉から、裕福で優雅な暮らしをしている特権階級の女性を思い浮かべる人がいるかもしれませんが、とんでもない。中小企業の社長夫人のなかには、A子さんにかぎらず、わずかな報酬で必死に働いている人がたくさんいます。

A子さんだって、けっして怠け者の社長夫人ではありません。事務仕事や電話番だけでなく、オフィスの掃除からさまざまな雑用まで、ほんとうによく働く社長夫人です。それなのに毎月の報酬が、わずか8万5000円とは……。たしかに気の毒な気もします。

役員報酬

会社の役員（取締役や監査役など）に支払う給与のことです。会社法や会計では、原則として役員報酬と役員賞与を同一に扱って、費用として処理します。しかし税務では、役員に対する給与のうち、賞与と退職給与以外の定期的に支給するものを役員報酬として、これは損金（会計でいう費用に相当）にできますが、賞与等は損金にできません。

しかし私は、A子さんに向かってあえて厳しいことを言いました。

「あなた、会社の決算書、見たことがあるの？」

「見たことくらいありますよ。よくわかりませんでしたけれど」

「じゃあ、一緒に読んでみましょうか。そうすれば、どうしてあなたが8万5000円しかもらえないかがわかるはずよ」

答えは明らかでした。A子さんの会社はここ数年の業績不振によって財務状態が悪化し、大幅な債務超過*に陥っていたのです。

「あなたは社長夫人なのに報酬が安いというけれど、会社はこんな状況なのよ。それ以上は、払いたくても払えないの。『社長夫人なのに』ではなく『社長夫人だからこそ』あなたにはもっと他にやるべきことがあるんじゃないかしら」

そして私はA子さんに、「社長夫人革新講座*」のなかで教えている「社長夫人が戦力になるための心構え」について説明しました。社長夫人は、社長の「奥さん・女房」という意識を払拭し、ビジネス・パートナーという「組織人」にならなければいけない。社長夫人は、社長の弱点を懸命に補完する参謀・補佐役でなければいけない……。

A子さんは賢い女性でした。それまでは「社長の妻があまり表に出てはいけない」と考え、裏方仕事に徹してきたのですが、もはやそんなことを言っている状況でないことも、自分が社長夫人として何をなすべきかもすぐに理解したようでした。そして1カ月後に会ったとき、彼女は見違えるように変身していたのです。

扶養家族
所得税では、生計を一にする配偶者と、その他の親族（6親等内の血族など）をいい、給与収入で103万円以下の家族が該当します。配偶者の場合は、特に控除対象配偶者といいます。扶養家族に該当すると、扶養家族のいる人が、扶養控除を受けられます。

債務超過
会社の債務が資産を上回っている状態のことです。この状態で、会社を清算すると、すべての資産を売却しても、借金を返済できない状況にあるわけで、倒産に近い危険な経営状況にあるといえます。

社長夫人革新講座
社長夫人のビジネスパートナーとしての「意識改革」と「実務（財務）能力向上」を目的

A子さんの会社では、ちょうどその頃、バス旅行の企画を進めていました。誰にでも自信をもって勧められる内容の企画なのに、なかなかお客さんが集まらず、40名の定員の半分も埋まらない状況でした。以前のA子さんなら、「営業は自分の仕事ではない」と考え、積極的に動こうとはしなかったでしょう。ところが今回は違いました。近所の人たちに声をかけたら、すぐに6名のお客さんが申し込んでくださったというのです。

私は前々から「A子さんには営業のセンスがある」と感じていました。問題は、本人の意識の持ちようだけでした。

「ほら、やればできるじゃないの。あなたは営業だってできるのよ」

大きな自信を得たA子さんは、以降、営業から新事業の立案に至るまで幅広く会社経営に関わるようになりました。それは、A子さんの夫、つまり社長にとっても望ましい変化でした。やがて彼女は、文字どおり社長のパートナーとして、誰からも一目置かれる存在となったのです。

社長夫人が「社長の奥さん」を脱却するとき

かつてのA子さんのように、月々8万5000円の報酬しかもらわず、肩書も名刺も持たずに働いている社長夫人は、案外たくさんいらっしゃるのではないでしょうか。

しかし私は、たとえ社長の妻であっても、仕事をしている以上は、仕事の質と量に見合った報酬を得るべきだと思います。そして、受け取った報酬の金額に見合った税金を払うべき

としています。「基礎編」「実務編」「戦略編（夢づくり会計）」の3部で構成。これまで約800名を超える社長夫人が卒業しました。福岡・東京・名古屋・大阪を中心に開催しています。

です。もちろん長引く不況下にあっては、十分な報酬を出したくても出せない会社も多いでしょう。でも、そんな状況をあたりまえだと思ってはいけません。社長夫人が適正な報酬をもらえるようになるためにも、財務状態の改善をめざしていっそう努力していきたいものです。

　また、社長夫人にも仕事の内容と役割に見合った肩書が必要です。名刺もほしいところです。私はよく冗談で「取締役社長夫人」という言葉を使うのですが、そんな曖昧な立場に甘んじていてはいけません。正式な肩書も名刺もないようでは、社長夫人自身、自分の立ち位置がわからなくなってしまうからです。肩書と名刺――。不思議なことに、このたった二つを得るだけで、社長夫人の意識は変わります。

　社長の扶養家族であることをやめ、自らの役職や肩書にふさわしい「責任感」をもつことにより、社長夫人は初めて「社長の奥さん」を脱却し、一人の「組織人」となれるのです。

では、社長夫人が果たすべき役割とは何でしょう。私は、社長のビジネス・パートナーとして行動するにふさわしい「人間性」と「実務能力」だと考えています。社長夫人に求められる人間性については、前著『これからの社長夫人は会社経営のプロになれ！』で詳しく書きました。したがって、本書では、もう一つの大切な要素である実務能力についてお話ししていこうと思います。

　さて、一口に「社長夫人」といっても、実際にはさまざまなタイプの社長夫人がいます。たとえば、社内の業務全般にわたって社長のサポート役に徹している裏方タイプの社長夫人。専務や常務といった肩書をもち、経営幹部の一人として会社経営に参加している社長夫人。あるいは、夫の会社から分離・独立した会社の経営を任されている自立型の社長夫人。そしてもちろん、家庭生活を優先しながら無理のない範囲で夫の仕事を手伝っている社長夫人もいますし、会社経営にはほとんど関わらず、家庭を守ることに専念している専業主婦型の社長夫人もいます。

しかし序章でも述べたように、どんなタイプの社長夫人にも共通する「宿命」があります。夫の会社経営が順調でなければ、社長夫人も幸福ではいられません。そして、社長である夫に万が一のことがあれば、社長夫人が第一の事業継承者となる可能性が高いのです。事実、夫が亡くなった後、社長の仕事を引き継いで活躍している女性はいくらでもいます。

どんなタイプの社長夫人であっても、会社経営に必要な最低限の知識と実務能力を身につけておかなければならないことは明らかでしょう。

なかでも重要なのが、財務関係の知識と能力です。なぜなら、財務こそは企業経営の心臓部だからです。今、自分たちの会社にどのくらいの売上があり、そのうちどれだけが利益として残るのか。毎月の必要経費*はどのくらいで、それだけの経費を捻出するにはどのくらいの売上が必要なのか。あるいは、借入金がいくらあって、その返済額は毎月いくらになるのか……。返済額に見合った利益は出ているのか……。

いずれも、的確な経営判断を下すためには必要不可欠な材料です。

必要経費
利益を生み出すために必要となる経費のことで、家賃や交通費、給料など。大雑把に言うと、売上から売上原価を差し引いた金額が売上総利益で、そこから必要経費を控除すると営業利益が計算できます。売上総利益より必要経費のほうが多いと営業損失になります。

社長に代わって決算書を読み解き、社長が必要とする資料を作る

◆決算書は会社の通信簿

中小企業では経理と財務の区別が明確ではなく、経理の責任者が財務まで担当することがよくあります。本来、経理と財務は密接に関係するものですから、十分な知識のある人物が兼務するのは問題ありません。企業活動の面から見れば、経理は財務の一部であり、財務は経営の一部なのです。

「経理」の仕事は、日々の取引の記録です。「財務」の仕事は、営業で得た利益の運用、つまり資金管理です。そして「経営」とは、財務も含めて、新商品開発、営業、販売、人材育成など、企業活動全般にわたる判断を行うことです。

そうした企業活動の結果をまとめたものが「決算書」です。会社が十分な収益を上げ、順調に成長、発展するためには、1年間の活動の集大成である決算書を分析し、次年度以降に活かさなければなりません。「決算書を読む」とは、そういうことなのです。

しかし、決算が行われるのは1年に1度だけ。現在の活動の成果を確認するのが12カ月後では遅すぎますし、重要な判断を下す際に参考となるデータが12カ月前の数字では古過ぎま

す。だからこそ、1カ月ごとのまとめである「月次決算」が重要になってくるのです。そして、その基本となるものが、毎日の取引の記録である「日次決算」です。

会社によっては、社長が財務まで担当することもあるでしょう。しかし、現実問題として社長が毎日の経理事務まで行うことはできません。経理の知識をもち、なおかつ会社全体のこともわかっている人間のサポートが必要になるはず。そこで登場するのが社長夫人です。ただし、そのためには決算書を読み下し、分析できるだけの能力が不可欠です。決算書を読めない社長夫人では、将来、夫の後を継いで社長になるどころか、社長のパートナーとして夫を補佐する際にも、心許ない印象はぬぐえません。

もちろん本来なら、社長自身が決算書を読めるほうがよいでしょう。しかし日本の中小企業では、実際問題として、社長が決算書を読めない、あるいは正しく読み解く努力をしていない会社が多いのです。

多くの場合、毎月の月次試算表*の作成や決算業務は社内で行わず、会計事務所に委託しているためです。社内の人間は、会計事務所の指導にしたがって毎日の帳簿をつけるだけ。その帳簿類をドンと会計事務所のスタッフに渡して、あとは「お任せ」状態です。だから社長も経理担当者も、決算のやり方を知らず、決算書の意味も読み方もわからない。その結果、社長の勘だけに頼った、危なっかしい経営を続けているのです。

決算のやり方や、決算書が実際の経営にどう役立つかについては、この本のなかで少しずつお話ししていくことにして、ここでは決算書とは何かについて説明しましょう。決算関係

月次試算表
帳簿をもとに、資産・負債・純資産（貸借対照表）、収益・費用（損益計算書）の勘定科目ごとに分類し、月ごとに集計したものです。これを見ることによって、売上や利益の達成具合や費用の使用状況がわかり、早期の対策を打つことができます。

の書類には専門用語が多く、また数字だらけなので最初はとっつきにくいかもしれませんが、慣れればさほどむずかしいものではありません。

まず「決算書」とは、企業がある一定期間の自社の財務状況や経営成績を明らかにするために作成する何種類かの書類の総称です。「財務諸表」あるいは「基本財務諸表」とも呼ばれます。1年間の活動の成果をまとめた企業の通信簿のようなものと考えればよいでしょう。

ご存じのとおり、企業は毎年1回、かならず帳簿を締めて決算を行うことが、法律で義務づけられています。その際に作成されるのが決算書で、税務署*をはじめ銀行、株主、取引先などにも提出されます。

もっとも重要な書類は「貸借対照表（B／S）」と「損益計算書（P／L）」です。他に「キャッシュフロー計算書（C／S）」や「株主資本等変動計算書（S／S）」「製造原価報告書」「利益処分計算書」なども含まれますが、社長夫人としてまず知っておかなければならないのは、貸借対照表と損益計算書についてです。

◆貸借対照表は「お金の出どころと使いみち」を示すもの

貸借対照表は、ある一定時点、通常は決算時における会社の「財務状態」を示す表です。表全体が左右にきっちり分かれているのが大きな特徴で、左側が「借方」、右側が「貸方」と呼ばれます（次ページ図表1）。

税務署
法人税や所得税、消費税などの国税を賦課し、徴収を行なう行政機関です。適正に申告納付している会社にはやさしいが、そうでない会社には厳しい追及が行なわれます。会社経営者がもっとも敬遠する組織といってよいでしょう。

図表1●会社の財務状態を示す「貸借対照表（バランスシート）」（左）

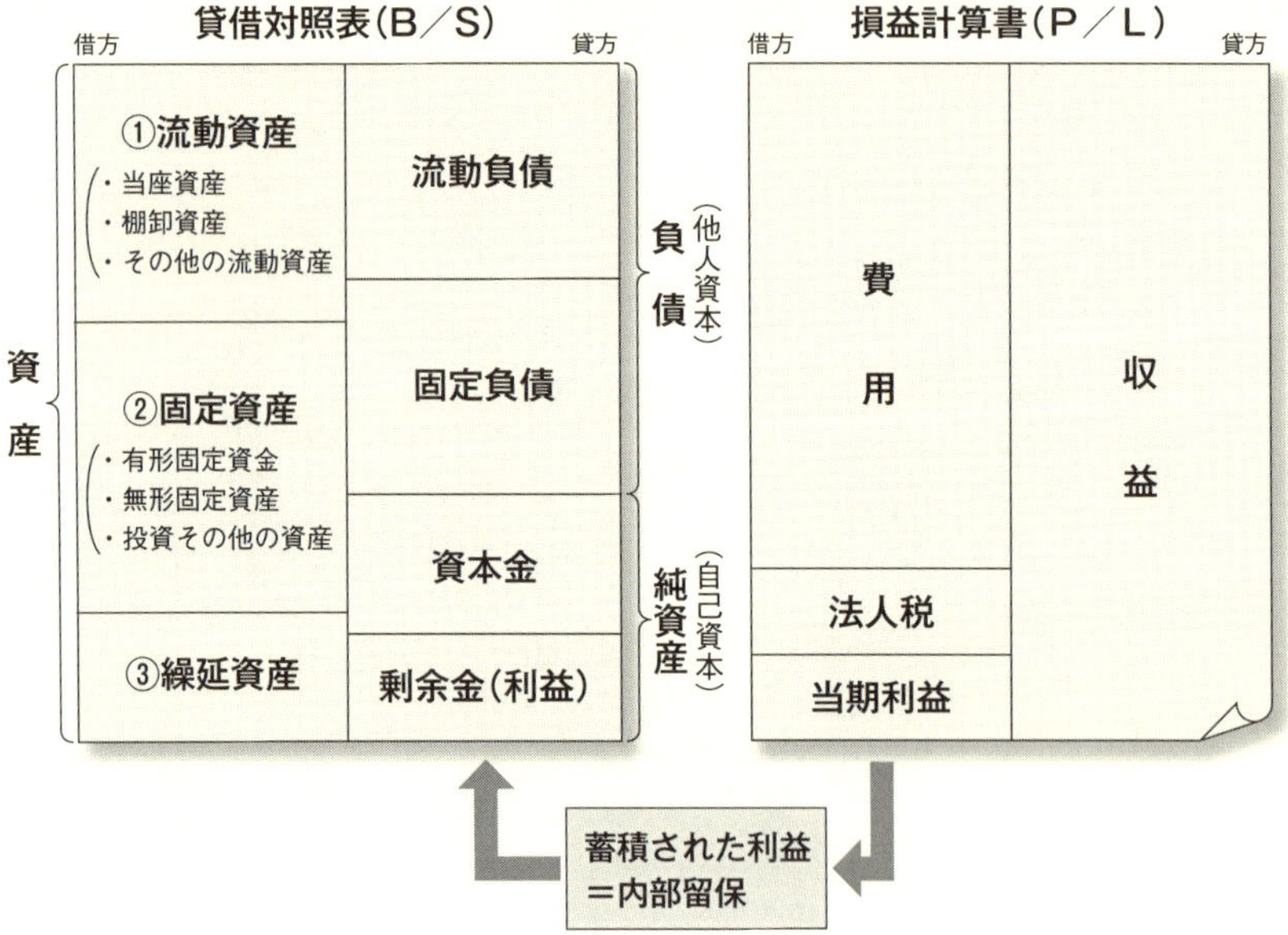

「借方」は、会社が持っている「資産」の状況、つまり会社のお金がどんなふうに使われているか、あるいは、どのような形に化けているかを示します。一方「貸方」は、そのお金をどこから調達したのかを示しています。

では、借方と貸方の中身をもう少し詳しく見ていくことにしましょう。

左側の借方、つまり「お金の使いみち」はさらに三つに分かれています。①「流動資産」と②「固定資産」と③「繰延資産」です。

①の流動資産とは、通常1年以内に現金で回収可能な資産のことです。流動資産は「当座資産」「棚卸資産」「その他の流動資産」の三つからなっています。

不良債権
回収が困難な債権のこと。売掛金などの売上債権は100％回収できるわけではなく、回収が困難な金額については貸倒引当金を設定するなどの処理が必要となります。この処理を適正に行なわないと「不良債権隠し」として、公開企業などでは大問題になります。

最初にある当座資産とは、現金、預金といった資金、商品を販売したがまだ現金で回収していない売上債権（売掛金・受取手形）、有価証券など換金性の高い資産のことをいいます。棚卸資産というのは、一般的に在庫といわれるもので、販売活動を通じて現金、あるいは売上債権などに変わる資産のことをいいます。

その他の流動資産には、仮払金、短期貸付金、立替金、前払金などがあります。

家計になぞらえて考えれば、流動資産は現金や普通預金のこと。定期預金や株式は現金化しにくいけれど、現金や普通預金なら気軽に出し入れして使うことができます。同じように、企業にとって流動資産が多いということは、いつでも現金に換えて使える資産が多いということですから、それだけ融通性が高いことになります。

しかし、売上債権の中に回収不能な不良債権*があったり、棚卸資産の中に在庫の水増し、在庫の圧縮、不良在庫などがあると、現金に変えることが不可能になるので気をつけなくてはいけません。

②の固定資産とは、1年を越えて会社で利用される資産や、1年を越えて回収が予定される資産のことを言います。固定資産には「有形固定資産」「無形固定資産」「投資その他の資産」の三つの種類があります。

有形固定資産とは、土地、建物、車両運搬具、機械および装置などのこと。

無形固定資産とは、特許権*、のれん*など目に見えない資産などのこと。

投資その他の資産には、投資有価証券、保険積立金、出資金、長期貸付金などがあります。

特許権
製品や製造方法を一定期間、独占・排他的に使用できる権利のことです。特許権の取得価額は、他から購入した場合は、買入価額に手続き費用や特許権を使用できるまでにかかったすべての費用を加えたものとなります。

のれん
企業の買収では、買収した金額と買収された企業の価値は一般的には一致しません。通常は、買収した企業の価値より買収金額のほうが高くなります。その差額分に対して、買収する企業は投資したような結果になります。それを「のれん」といい、いわば信用やブランドイメージなどへの投資といえます。

土地や建物にせよ、特許権やのれんにせよ、購入するにはかなりの額の投資をしなければなりません。また、現金として回収するには長い時間がかかります。したがって固定資産が多いと長期間資金が拘束されるので、場合によっては会社経営を圧迫する要因ともなります。

③の繰延資産とは、商品開発費のように成果を生み出すまでに長い時間がかかったり、創立費、開発費のように、すでにサービスの提供を受けている資産のことをいいます。繰延資産の特徴は、売上債権のような換金性はないものの、一定の償却方法にしたがい、複数年度にわたって償却*することが認められている点です。

一方、貸借対照表の右側の貸方、すなわち「お金の出どころ」は、大きく二つに分かれています。「負債」と「純資産」です。

まず負債とは、第三者から借りてきたお金や、いずれは返さなければならないお金のことです。「他人資本」とも呼ばれます。このうち1年以内に返済しなければならないものが「流動負債」で、買掛金や支払手形、短期借入金、未払金などが含まれます。これに対し、1年以上かけてゆっくり返済すればよいものが「固定負債」で、長期借入金や長期支払手形などがあります。

純資産は、負債以外のお金で「自己資本」とも呼ばれます。会社設立時に出資者から集めた「資本金」や「準備金」、そして「剰余金」がここに含まれます。剰余金は、これまでに

償却
機械や特許権などの固定資産や繰延資産は、何年かにわたって使用できたり、効果を発揮するので、会計上もそれに合わせて数年にわたって費用として処理する方法です。税法上は、資産ごとに償却年数が決められています。

図表2●会社の儲かる力を示す「損益計算書」

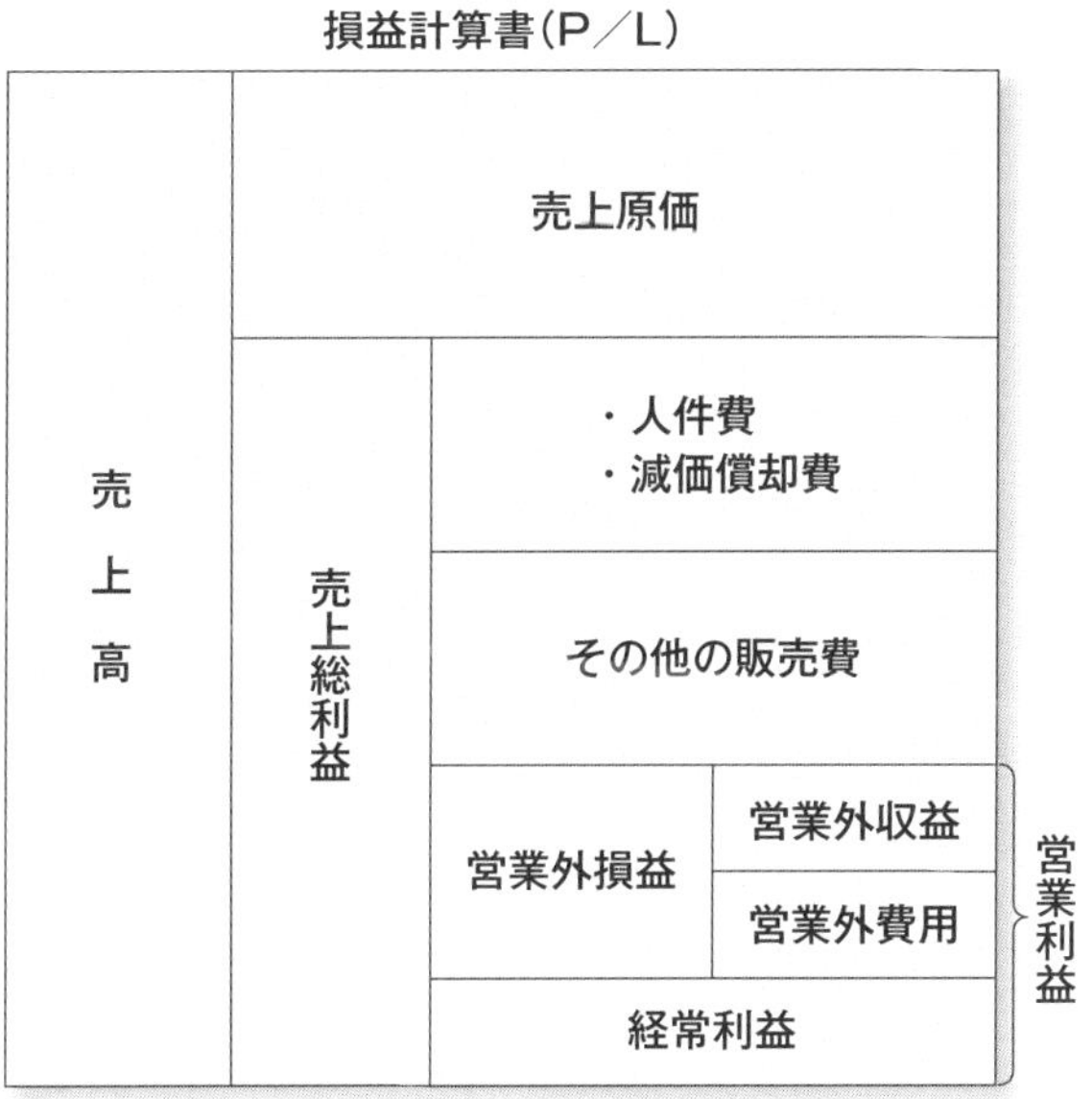

積み上げてきた利益の合計です。

当然ながら、お金の使いみちを示す借方と、お金の出所を示す貸方の合計金額はつねに一致し、バランス（均衡）を保っています。このため、貸借対照表は英語で「バランスシート」と呼ばれています。

◆損益計算書は「会社の儲ける力」を示すもの

損益計算書は、ある一定期間中における営業成績を表しています（図表2）。貸借対照表と比べればわかりやすいと思いますが、仕組みをざっと見ていきましょう。

まず表全体は、期間中にどれくらいの「売上高」があったかを示しています。そこから売上原価を引いたものが

「売上総利益（付加価値）」。売上総利益から人件費や減価償却費、その他販売費及び一般管理費を差し引いた利益が「営業利益」です。営業利益に営業外収益を加え営業外費用を差し引いた利益が「経常利益」です。その経常利益に臨時的に発生した特別利益を加え、臨時的に発生した特別損失を差し引いたものが「税引前利益」といい、それから法人税を差し引かれた利益が「当期利益」になります。「最終的にはいくら儲かったか」が一覧できる構造となっているわけです。

貸借対照表との関係で言えば、損益計算書のいちばん下に記され当期利益（純利益）が、貸借対照表の貸方の純資産の剰余金に加算されていきます（図表1参照）。

会社の経営には、一定のサイクルがあります。そのサイクルは、お金をぐるぐる回しながら次の段階へと進んでいきます（次ページ図表3）。

たとえば、最初に会社を設立するための資金を用意します。これを「資本金」といいます。そのお金を使って、仕事を始める際には、事務所を借りるための敷金を払い、必要な事務用品や備品を購入します。営業活動のために通信費や宣伝費、交通費などの経費も使います。もちろん商品を仕入れれば代金を払わなければなりません。この段階では、お金は出ていく一方です。

仕入れた商品が売れ始めると、逆にお金が入ってくるようになります。それが、売上です。しかし、売上がすべて利益になるわけではありません。そこから商品の代金を引き、通信費や交通費などの経費を引き、人件費やその他販売活動に必要な費用を引いたうえで、最

図表3●計数管理から見る経営サイクル

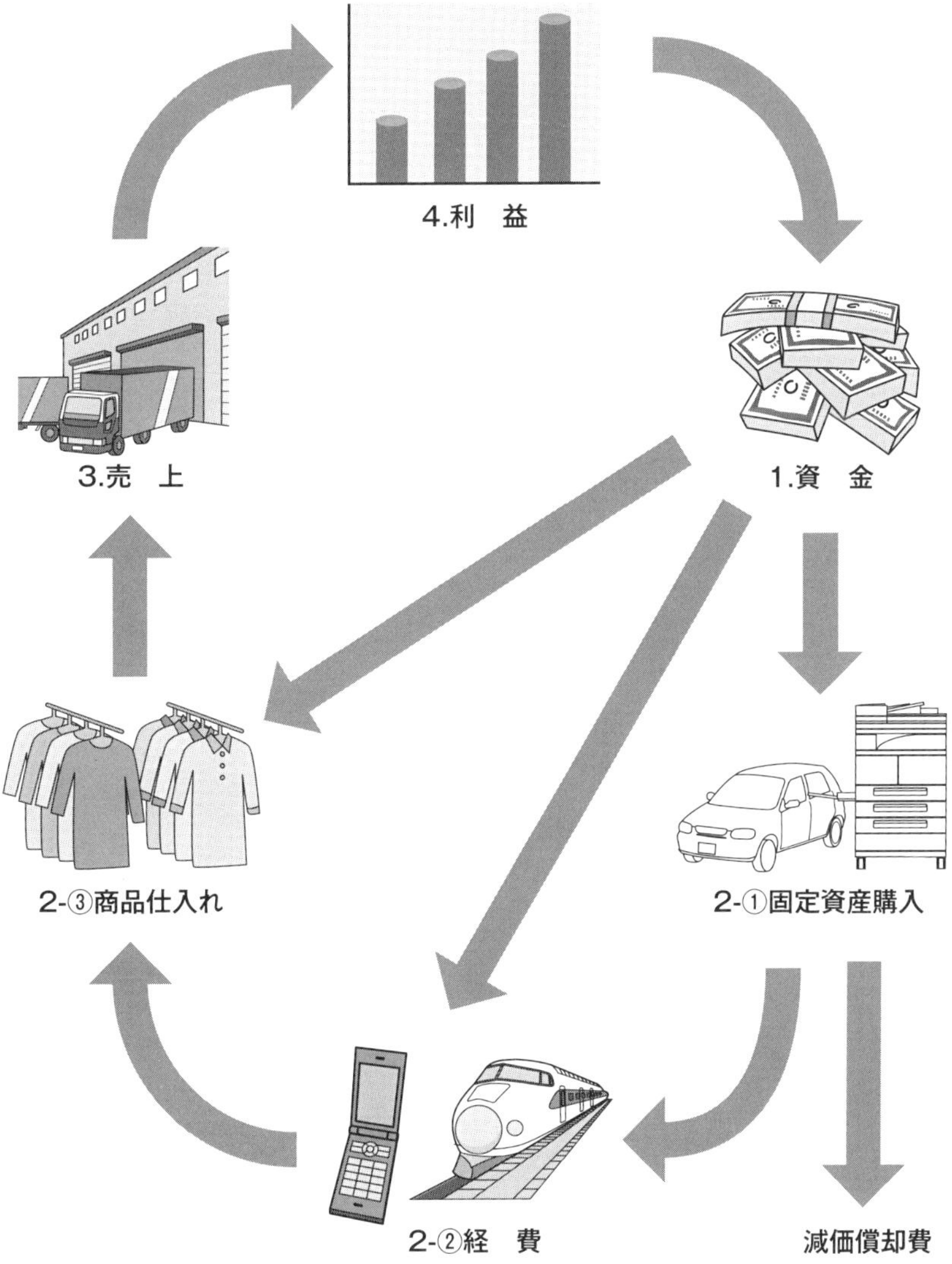

後に残ったお金が利益なのです。

その利益が「剰余金」として資金に加わることで、最初のサイクルが完結し、また新しいサイクルが始まります。ここからが財務です。サイクルが回るたびに全体の資金量が大きくなっていれば、その会社は成長しているということ。資金量が変わらなければ、停滞しているということ。そして小さくなっているようなら、衰退していることになります。

損益計算書が示しているのは、そのサイクルが回る課程で生じたお金の増減。そして、貸借対照表が示しているのは、サイクルが回ってお金が増減した結果、会社の財政状況はどう変わったか、ということになります。

売上に一喜一憂してはならない

会社がどんどん利益を生み出し、純資産が潤沢な状態なら、思いきった投資もできますし、新規事業に打って出ることも可能です。しかし逆に、損失が出ていたり、負債が多すぎる状況でさらなる借入や大きな投資を行うのは危険です。どれくらいの投資ならできるのか、あるいは投資を見送った方がよいのか、そうした意思決定を行う際、もっとも重要な判断材料となるのが貸借対照表であり、損益計算書なのです。

貸借対照表はその会社の「財務体力」を示すものですから、銀行の担当者が見れば、その会社に「どれくらいの返済能力があるか」がわかります。また、新しい取引先が見れば、「どれくらいの支払い能力があるか」がわかります。そして、その会社の経営者から見れば、現在、自分たちの会社が「どれくらいお金を使えるか」を教えてくれる、たいへん重要な資料なのです。

ところが、中小企業の経営者の多くは、貸借対照表をあまり見ようとせず、損益計算書を重視しがちです。それも「利益」の部分ではなく、「売上」ばかりが気になるようです。

売上が上がるということは、商品やサービスが売れてお金が入ってくることですから、帳簿が苦手な社長にもわかりやすいのでしょう。しかし、いくら売上が増えても、そのぶん原価や経費が増えていけば、利益は残りません。むしろ、売れば売るほど損失が増えるケースもあります。売掛金の回収に失敗すれば、「商品は売れたのに、お金がない」という状況に陥ってしまうこともあるのです。

バブル*の時代に多かったのは、お金の借り過ぎが原因の業績悪化です。高い商品でも出せば飛ぶように売れる時代でしたから、売上至上主義の経営者たちは、事業拡大のためにどんどんお金を借りて投資しました。その結果、「金利」が増大し、バブルがはじけた後、利益を圧迫する大きな原因となったのです。

ある水産会社では、銀行から借入金の返済を迫られ、やむなく4億円分の在庫を格安価格で一気に売却しました。その結果、たしかに借入の返済はできたのですが、利益はわずか800万円でした。

経営のサイクルを回すには、売上も大事ですが、何より利益が重要です。利益というお金がたまらないと、次のサイクルが回っていきません。

バブル
日本の1980年代終盤から1990年代初頭までに起こった経済・社会現象。実体の伴わない過剰な投機などにより資産価格が一時的に異常な高騰をみせ、その状態がいつはじけるともしれない実態のない泡にたとえられました。

本来、大きな経営判断を行うのは経営者である社長の仕事です。そして社長がきちんと決算書を読んでいれば、自分の会社が今、どういう状態にあるのかがわかります。何が足りないのかもわかります。だから、今は何をすべきときなのか、また、何をしてはいけないのかもわかるはずです。

ところが実際には、その決算書を読めない社長がたくさんいます。忙しい中小企業経営者には、財務や会計の勉強をしている時間もエネルギーもないのです。だからこそ、社長夫人が社長に代わって決算書を読み解き、社長が必要としている資料をつくって、社長をサポートしなければならないのです。それは間違いなく、社長夫人が組織人として会社のために果たせる非常に有意義な仕事の一つなのです。

2章

社長の求める「先が見える」資料を作る

どうすれば決算書が経営判断に役立つ資料となるのか

社長夫人だからこそ持つべき視点とは？

◆社長夫人は「経理」をやってはいけない

日本の中小企業では、社長夫人の能力や存在意義が正しく評価されず、積極的に戦力化されてきませんでした。なんともったいないことでしょう。これは、その企業だけでなく、日本経済にとっても大きな損失ではないか――。私がそう考えて「社長夫人革新講座」を始めたのは平成14年のこと。すでに約８００人の社長夫人たちが受講されました。

参加された受講生のなかには、経営幹部となって立派に活躍している人が何人もいます。ただし、同じ講座を受け、同じ勉強をしても、学んだことをほんとうに自分のものとして実践できるようになるまでの時間は人それぞれ。本人がいくらがんばろうと思っても、社長である夫やその家族の理解が得られず、潜在能力がありながら活躍の場を与えられない夫人もいるのです。そのような場合には、まず社長の意識から変えていかなければなりません。

しかし、いちばん大きなネックは、やはり社長夫人自身の意識です。

私は、社長夫人が社長の経営パートナーとして、欠かすことのできない存在になるための大前提として、社長夫人たちに自分で決算を行うよう強く勧めています。社長夫人のなかには、「決算の仕事くらい前からやっています」と言う人もいますが、彼女たちが実際にやってきたのは決算業務ではなく、日々の帳簿つけや入力作業に過ぎないことが多いようです。

もちろん、毎日の取引や現預金の状況を記録するのは、とても大切な仕事です。この段階でミスが出たり、いいかげんな処理が行われたりすると、月次決算にも年次決算にも狂いが生じますし、何よりも経営判断を誤る原因となりかねません。

ただし、その作業を社長夫人が自分で行う必要はないでしょう。むしろ私は、社長夫人が行うべきではないと考えています。日々の取引記録や処理は経理担当事務員の仕事。社長夫人が自分で「経理」を行うことには大きな弊害があるのです。それは次の理由からです。

経理事務員に求められる資質と、社長夫人に求められる資質は違います。経理の仕事でもっとも大切なのは正確さと迅速性です。だから経理の仕事をしていると、自然と細かい項目にこだわったり、目先の数字ばかりが気になったりするようになります。そのぶん大局でものを見たり、長期的に考えることができなくなりがちなのです。

社長夫人にはもっと大切な仕事があります。社長のパートナーとして、経営判断の手助けをすることです。そのためには、社長同様、広い視野や長期的なものの見方が必要です。

「社長夫人革新講座」の受講を始めてから、なかなか意識改革ができなかった社長夫人でも、2~3年たった頃、突然、スコーンとつき抜けることがあります。大きな壁を越え、自分のやるべきことに気づくのです。

そんな社長夫人たちがまず何をするかといえば、自分で帳簿をつけるのをやめます。代わりに部下となる経理事務員を育て、自分は決算業務を含め経営に役立つ資料作りと業績管理の仕組みづくりを行うようになります。そしてやがては、経営者の視線で会社全体をながめるようになるのです。

◆社長夫人が行うのは「財務管理」

ある中小企業で実際にあったエピソードをお話ししましょう。

その会社では数年間、赤字が続いていました。ある年、会社全体としては依然として赤字でしたが、製造部門だけは１０００万円の黒字を出しました。工場長の努力と奮闘が大きかったことは明らかでした。社長は工場長の功績を認め、少しでも給料を上げてやりたいと思いました。

しかし、経理の担当者は「無理だ」と言います。「会社全体としては赤字なのだから、工場長の給料だけを上げるわけにはいかない」と言うのです。それはそれで、もっともな理由ですが、あれだけがんばってくれた工場長に何も報いることがないままでよいのでしょうか……。

そこで動いたのが社長夫人でした。彼女は工場長と個人的に面談して、自分の言葉で労をねぎらったうえで、家計から捻出した数万円をそっと手渡したのです。

「今はこのくらいしかできません。でも、あなたががんばってくれているから、来年はもっとよくなるに違いないわね」

お涙ちょうだいの人情話のように聞こえるかもしれません。でも、そうではないのです。成果を上げた社員に報いるのは、将来への投資でもあります。１年間がんばって１０００万円の黒字を出した工場長が、もし何のねぎらいの言葉も、わずかな報奨金すらもらえなかったら、翌年、ふたたびがんばって働こうという気持ちになるでしょうか。

社長夫人は「１＋１」の金勘定だけでものごとを考えてはいけません。この社長夫人は、広い度量をもち、将来のことまで戦略的に考えることができました。だからこそ、社長夫人として自分がなすべきことを行うことができたのでしょう。しかし、もし彼女が自分で経理事務を行っていたら同じ判断ができたかどうかはわかりません。

社長夫人が行うべきは「経理」ではなく、「財務管理」なのです。

財務管理には、財務諸表による経営管理、売掛金の回収や買掛金の支払、借入金の調達と返済、設備投資、手形の管理と決済、資金繰り表の作成、財務計画の立案など、重要な仕事がたくさん含まれています。

そのうえで、社長が重要な意思決定をサポートするための資料づくりまで求められるのですから、もちろん楽な仕事ではありません。でも、楽な仕事ではないからこそ、社長夫人の力の見せ所となるのではありませんか。

社長が求める資料は会計事務所からは得られない

さて、社長夫人は、自分が経理を行わない以上、代わりに経理事務を任せられる担当者を育てなければなりません。直属の部下の育成です。この権限移譲がスムーズにいかないと、思わぬトラブルに見舞われることになります。なかでも最悪のケースを紹介しておきましょう。

◆「原価」に関する認識の違いが倒産を招いた会社

ある建設会社の社長が「5年間で5億円の売上を達成する」という目標をたてました。何をおいても「売上アップ」が口癖の営業マン型社長ですから、コストや利益の計算はあまり得意ではありませんでした。身近に財務がわかる補佐役がいればよかったのかしれません。しかし、社長が頼りにできたのは、入社して間もない経理事務員だけでした。なぜ社長がその経理事務員を信用したかというと、その事務員は他の建設会社でも経理をしていて、入社時にも自分のキャリアをＰＲしていたからです。

社長自ら「行け、行け」の営業を行った結果、どんどん契約がとれ、売上は順調に伸びました。それでも社長は、仕事が一つ終わるたび、経理事務員に確認するのを忘れませんでした。

「原価を引くと、どのくらいの儲けになる?」

事務員はいつも「25%は残ります」と答えました。

売上が順調に伸びていて、しかも利益率25%なら上々でしょう。社長は安心して次々と仕事を受けました。「忙しくなって大変だろう」と言って、現場監督の給料を上げることまでしました。ところが実際には、仕事を受ければ受けるほど赤字が増える状況だったのです。

後でわかったことですが、経理事務員が「原価を引いても25%は残る」と言ったとき、「原価」に含まれていたのは、材料費や外注費だけでした。しかし「原価」には労務費である現場監督の給料や製造経費なども含まれます。これらを加えると、この会社の製造原価の比率は売上に対して90%になっていました。残り10%の売上総利益から役員報酬や販売管理費、減価償却費、支払利息といった費用を差し引くと、毎年4000万円の赤字が出ていたのです
社長が気づいたときには、すでに手遅れでした。その会社は資金繰りに行き詰まり、ついに5億の負債をかかえて倒産してしまいました。

放漫経営と言えば、たしかにそのとおりです。しかし、社員の先頭に立って営業に走り回っていた社長には、自分で帳簿をチェックする時間がなかったのでしょう。

それでもコストを気にして、たびたび経理事務員に確認していました。ところが困ったことに、社長と経理事務員との間で、「コスト」の認識が違っていたのです。その経理事務員

には、「どれくらいの儲けになる？」と聞かれたとき、社長が何を知りたがっているかがわからなかったのです。

そこにもう一人、社長の経営方針を熟知している補佐役がいて、経理事務員を指導できていれば、そして社長に的確な判断材料を提供できれば、その会社の行く末はずいぶん違っていたことでしょう。

私は社長夫人にそういう役割を担ってほしいと考えているのです。社長夫人たちに自分で決算を行うよう勧めているのも、そのためです。

この会社の社長夫人は、「社長夫人革新講座」の基礎編と実践編を2回ずつ受講し、資金繰りもしっかり勉強し、何とか社長の暴走をくい止めようと必死で勉強していました。しかし、社長は夫人の進言に耳を貸そうとしなかったのです。

傲慢な人、人の話に耳を傾けない人、感覚で経営をしている人のことを〝無知の我流〟といいます。この会社の社長もそういうタイプでした。

ある年の12月でした。社長夫人から「先生、今日不渡り*を出します」という電話があり、私は「社長はどういわれているの？」と聞くと「3年前にお前と矢野先生の言われることを素直に聞いていたらこんなことにはならなかった、と言っています」と応えました。

社長は40代の前半でまだまだ若いし、再起できると信じました。あれから3年経ちます。社長夫人からは時々電話がありますが、自宅も売り、社長の実家に引っ越して、二人で頑張っているようです。

不渡り
手形や小切手を支払期日までに決済できないこと。6か月以内に、不渡りを2度出すと「銀行取引停止」の処分をうけます。これにより、決済停止、資金繰り悪化となり、信用も低下して、事実上の倒産となってしまいます。

◆社長はどんな資料を求めているのか

では、社長が求めている経営に役立つ判断材料とはどんなものでしょう。

ひとことで言えば、「先を見る」ための材料です。社長たちにとって過去はあまり意味をもちません。「未来のために、今、何をなすべきか」が知りたいのです。だから社長夫人は、先が見える資料を提供しなければなりません。

しかし、決算書は過去の記録です。どうすれば、その決算書を見て先のことがわかるのでしょうか。たしかに、税務署に提出する決算書を見ただけでは、先など見えません。だからこそ、社長夫人ならではの工夫が必要となるのです。

少し固い話になりますが、このへんで会計の目的と種類についてお話ししておきましょう。

一般に「会計」と呼ばれるものは、大きく「財務会計」と「管理会計」に分けられます。まず財務会計は、外部の利害関係者、たとえば株主や取引先に情報提供することを目的としています。なかでも、商法、証券取引法、税法などの規制にもとづいて行われる会計は「制度会計」と呼ばれ、おおまかな形式が決まっています。年に1回、財務諸表を作成して税務署に提出することが義務づけられている決算業務も、当然ながら制度会計の一環ということになります。

このように制度会計は、広く外部に開示することを目的としていますから、形式や勘定科目*が誰にでもわかるよう定型化されています。税務署が納税額を決定するため、あるいは取引先や株主がその会社の安全性や収益性や成長性を判断するうえでの必要性を満たしていればよいのです。これにより、全体的な収支状況や財務状態がわかるわけです。これらの数字をまとめた決算書は、たとえ複数の商品や複数の部門があっても「売上」は一本です。「仕入」も一つにまとめます。

決算書は、会社を「象」にたとえれば、象の身体の全体を見せてくれます。しかし、会社にいくつもの部門や取引先、あるいは複数の商品がある場合、それぞれの様子まではつかめません。その象が病気になったとしても、どこが悪いのかがわかりません。経営を行ううえでの判断材料としては、ちょっと物足りないのです。社長がほしいのは、もっと詳しく細分化されたデータです。会社が病気になったとき、どこが悪いかがわかるようでなければ意味がないのです。

そこで必要になるのが「管理会計」です。外部に広く公開することを目的とする財務会計に対し、管理会計は企業内部の意思決定や経営判断に役立つ情報を提供することを目的としており、「企業会計」とも呼ばれます。

制度会計も管理会計も、一定期間内の収支を計算して、利益や損失を計上し、財務状態を明らかにするという作業は同じです。ただし、どこに焦点を当てるか、どこまで細かく分けて見るかが違います。制度会計とは異なり、管理会計の場合は、形式も、勘定科目も、その企業が独自に設定してかまいません。

勘定科目
簿記や決算書などに用いられる表示金額の名目を表わす科目名のこと。「現金」「借入金」「売上」など、ほぼ統一されていますが、業界や企業によっては、実態に即した独自の科目名を用いている場合もあります。

もちろん、制度会計によってつくられた決算書と、管理会計でつくられた資料の数字が違うということがあってはいけません。しかし、売上の総額は同じでも、管理会計の場合は、必要に応じて「市場別」「顧客別」「商品別」「部門別」というように分類することができます。管理会計は、制度会計を経営者の視線から分析するための補助資料と言えるでしょう。

残念ながら、そこまでやってくれる会計事務所*はありません。ですから、会計業務をすべて会計事務所などに任せていると、社長が何より必要とする管理会計の資料を得ることができないのです。

私が「社長夫人は自分で決算すべし」と主張する理由もそこにあります。経理事務や制度会計なら誰にでもできます。でも、社長が求める資料を提供できるのは、社長の頭のなかまで熟知している社長夫人だけだからです。

◆会計事務所の役割とは

これまで社長夫人が自分の会社で決算書を作る。いわゆる自計化することを勧めてきましたが、それでは会計事務所は顧問先に対してどのような役割を果たせばよいのでしょうか。

会計事務所は、商法・税法などの法律の専門家であると同時に、顧問税理士としての範囲内で経営のサポートをすることであって、帳簿代行業務をすることではありません。

よく、会計事務所が顧問先に自計化をさせることになれば、顧問料がもらえなくなるとい

会計事務所
税理士事務所、公認会計士事務所、監査法人、税理士法人などの総称。個人や会社に代わって、会計や決算、税務申告等を代行する事務所。人手不足や会計制度、税務の複雑化により、会社や個人事業者にとってはなくてはならない存在となっています。

う話を聞きます。しかし、これは会計事務所として本末転倒なあり方です。

記帳代行のような作業は何も価値を生みません。価値のないものに経営者がお金を出すはずはないのです。会計事務所がなすべきことは、記帳代行ではなく自計化の指導をすることです。そこにこそ価値があるからです。

私もかつて会計事務所に勤務した経験があります。月次試算表ができていなくて、決算時に慌てて1年間まとめてするような会社を20社任されたことがありました。その経理を担当していたのが社長夫人たちだったのです。月に一度私が訪問するまで何もしないで待っているような夫人たちです。

私は自分の会社の帳簿は自分でするものだという考え方を持っていましたので、社長夫人にそれを指導することに対して対価をいただくことにしました。当時の顧問料は月額平均２万５０００円でしたが、私は1万円上げていただいて3万５０００円にしました。

正しい月次試算表の作成は、経営判断の一歩ですから価値があると思いましたし、それを社長夫人が担うということは更に価値があるはずです。

それから4年間、退職するまで自計化の指導をしたのですが、自計化の習慣と仕組みが出来上がるまでに3年かかりました。それでも社長夫人たちがそこまで力をつけることは非常に力強いと多くの社長も考えられ、私への評価は高いものがありました。

税理士も顧問先に対して価値のあるサービスを行うことが重要だと思います。

数字に「心」が寄り添ってこそ社長夫人ならではの会計となる

◆日次から年次まで、決算はすべて「自計化」する

それでは、社長夫人が行うべき決算業務について、具体的に説明していきましょう。

まずは日次決算です。これは毎日の取引や現預金の出し入れの記録です。具体的には、領収書や証憑書類*（伝票類）の整理、現金の入出金の記帳、普通預金および当座預金の記帳と照合などが含まれ、原始記録の管理も行います。原始記録とは契約書、受注書、発注書などの取引きを裏づける元となる資料のことです。

これらの作業は、すべての会計業務の基本です。こうした日次決算を毎日きちんと行っていれば、月次決算も年次決算もほとんど自動的にできてしまいます。日次決算を30日分積み上げたものが月次決算、その月次決算を12カ月分積み上げたものが年次決算だからです。大切なのは、毎日の取引を毎日処理するという習慣なのです。

すでに述べたように、日々の作業は専従の経理事務員に任せるほうが好ましいのですが、あくまで社長夫人の管轄下にあることを忘れてはいけません。信頼できる経理事務員を育てるのも社長夫人の仕事です。

証憑書類
簿記でいう取引が行なわれると、必ず仕訳がなされますが、その取引の証拠となる書類、またはその取引を証明する書類のこと。証拠となる書類とは、領収書や請求書のことで、それを証明する書類が稟議書や議事録などになります。

ただし、優秀なベテラン経理事務員がいる場合には、思い切って権限を委譲すべき場合もあります。社長夫人のなかには、経理事務員と張り合おうとして人間関係を悪くする人もいますが、ばかげた話です。社長夫人と経理事務員では立場も役割も違うのです。優秀な経理事務員がいて日次決算を任せられるのなら、こんなありがたいことはありません。社長夫人はもっと別なことにエネルギーを注げます。

次に月次決算では、１カ月分の売上と売掛金、仕入れと買掛金、未払い経費などを計上し、各科目について帳簿残高と実際の残高を照合します。それらにもとづき月次の試算表（貸借対照表と損益計算書）を作成します。試算表は、遅くとも翌月の５日から７日までには作成したいものです。

なお、売上や原価、費用の処理については「発生主義」と「現金主義」がありますが、発生主義で処理するほうがよいでしょう。

発生主義とは、その月の経営活動に関わる売上や費用などを、実際には現金が動いていなくても、その月のうちに計上する方法のことです。

通常、企業間の取引では売掛金や手形を用いることが多いため、実際に現金化されるのは一定の期間を置いた後ということになります。これに対し現金主義とは、実際に現金による支払いが行われた月に計上されます。

一見、現金主義のほうがすっきりしてわかりやすいようにも思えますが、支払いが２カ月も３カ月も遅れた場合など、計上するのもそれだけ遅れますから、何のための経費だったのか、収支が見えにくくなってしまいます。

経理には「費用と収益の対応の原則」というのがあります。今月の売上にかかった費用は、たとえ支払っていなくても（＝現金の移動がなくても）、「未払い費用」として計上すべきでしょう。

毎日の決算はきちんと行っているのに、月次決算のできていない会社もあります。年次決算のたびに帳簿や伝票の束をひっくり返し、大騒ぎをしている会社も多いのですが、そんなことになるのも月次決算ができていないから。月次決算ができている会社では、年次決算もほとんど自動的に終了します。

つまり、日次決算や月次決算は制度会計上の年次決算を円滑に行うために欠かせない準備作業と言えるのですが、ほんとうはもっと大きな意味があります。管理会計のための資料づくりともなっているのです。そうした作業のすべてを社長夫人が自分で行えば、社長が何かを知りたいとき、すぐに資料を示して助言することができるでしょう。そうなれば社長はいつでも会社の経営状況を知ることができ、タイムリーで的確な経営判断をしやすくなるはずです。

◆管理会計のカギは「勘定科目」の設計にある

中小企業の社長たちは、あまり決算書や試算表を読みたがらないものです。その結果、「売上」と「粗利益」や「経常利益」くらいしか把握できず、重要な状況判断を誤ったり、対策が後手後手に回ったりすることも多いようです。

なぜ社長は決算書を読まないのでしょう。忙しくて読む暇がないという人もいるでしょうし、面倒くさいから読まない人や「経営は勘でやる」主義の人もいるでしょう。でも、いちばん多い理由は、おそらく「読んでもわからないから」ではないでしょうか。なぜわからないのかといえば、社長が知りたいことが、制度会計の決算書からは読み取れないからです。あるいは知りたいことが書かれていない。さらには読み取る力がないことも考えられます。なぜなら読み取るためには経営分析の力が不可欠なのですから。

一口で言えば制度会計には限界があるのです。社長がどんな資料をほしがっているかなど、まったく関係ありません。ですから管理会計では、社長の思考パターンに合った、社長の知りたいことがはっきりわかる資料をつくらなければなりません。そのカギとなるのは「勘定科目」です。

制度会計では、勘定科目の種類や仕訳方法が定型化（形態化）されています。しかし管理会計では自由です。その会社ではどんな科目を重視するか、社長が何を知りたいのかに応じて科目を「目的別」に分類することにより、その会社なりの資料をつくることができるのです。

たとえば、ＤＭを発送する費用について考えてみましょう。一般的には他の郵便物と一緒に「通信費」として計上することが多いはずです。しかし、社長が「そのＤＭを送ることでどれくらい効果があったか」を知りたければ、「販売促進費」や「広告宣伝費」に入れることができます。DMを送るための封筒も、「事務消耗品」ではなく「販売促進費」に入れるほうが実務的です。

社用車に関わる税金や車検費用についても判断は分かれるはずです。本来は「租税公課*」ですが、社長が「社用車1台にどれくらいの経費がかかるのか」を知りたければ「車両費」にまとめてもいいのです。どちらも間違いではないのですから、経営者の目線で組み立てていけばよいのです。

ただし、そうした分類が一時の気分的なものであったり、毎年、コロコロと変わったりするようでは経年比較ができません。経理担当の事務員が交代するたびに仕訳方法がわからなくなるのも困ります。

ですから、その会社なりの基本理念と細かい方針を決め、誰が担当しても同じ基準で仕訳できるようマニュアル化しておかなければなりません。

その作業にはかならず社長も参加し、社長夫人、経理担当者と一緒に考えるようにしましょう。管理会計の勘定科目は社長の頭の中身を反映すべきものなのですから、社長自身が設計に参加しなければ意味がないのです。

逆に言えば、勘定科目の設計に参加することで、社長にも決算書が読めるようになります。自分の考えていること、知りたいことがそのまま数字になって示されるのですから、こんなにおもしろいことはないでしょう。

そして社長夫人は、勘定科目の設計という共同作業を通して、社長の意図や戦略を理解

租税公課
租税は国税と地方税などの税金、公課は国・地方公共団体などから課せられる賦課金、交通反則金などの罰金や金銭負担のことです。ただし、法人税法上は、法人税、住民税、事業税などは租税公課では処理せず「法人税等」の科目で処理します。

し、共有することができます。「今は無理をしてでもここにお金を使わなければいけない」とか「ここで手を打っておかないと将来の注文が来なくなる」ということまで見通せるようになり、社長と同じ経営目線を得ることができるようになるのです。

3章

決算書を読み解けば経営改善のヒントがつかめる

社長夫人が決算書を読むための心構えとコツ

経営改善のヒントは数字の中にある

◆中小企業の経営は何よりも「キャッシュフロー」

1980年代後半、日本経済はバブル景気に突入しました。つくれば何でも売れたような時代。中小企業の経営者たちは「売上が増えれば増えるほど経営が安定する」と考え、ひたすら事業拡大をめざして新商品開発や新市場開発に投資しました。資金が足りなければ、借りればいい――。そんな論理が堂々とまかり通った時代でした。

バブル期は、銀行のほうがお金を貸したがる時代でもあったので、融資を受けるのは簡単でした。それどころか、本来、必要のない資金まで押しつけられて、身の丈を越えた投資に走り、とんでもない借金を背負い込むことになった中小企業もたくさんあったのです。

バブル景気の終焉とともに、そうした中小企業はバタバタと倒産しました。多くは債務超過にともなう金利負担に耐えられなくなったためでした。

なぜ、そのようなことになったのでしょう。「あの時代にはすべての日本人の金銭感覚がおかしくなっていた」という人もいます。しかし、バブル期にも堅実な経営を貫き、立派に生き残った中小企業もたくさんあるのです。倒産した企業と、生き延びた企業では、どこが違っていたのでしょうか。

バブルがはじけてから早くも20年が経とうとしています。今では、あの時代を体験していない若社長だっているでしょう。しかし、バブル時代が残した教訓を忘れてはなりません。

多くの中小企業がバブル崩壊後に倒産した最大の原因は、キャッシュフローを軽視したことにあります。「キャッシュフロー」とは、文字どおり「お金の流れ」のことです。そして、お金の流れを重視する経営のことを「キャッシュフロー経営」と呼びます。バブル当時、日本の多くの中小企業にはまだキャッシュフロー経営の習慣がありませんでした。

財務諸表のなかでお金の流れを示すものは損益計算書です。しかし、損益計算書は前章でも述べたように「発生主義」で作成されるので、現実のお金の流れをそのまま示しているわけではありません。

たとえば、１億円の商品が売れたとしましょう。帳簿上は「１億円」の売上が立ちます。しかし実際には、その時点で１億円の現金が入ることはめったにありません。多くの場合、代金は売掛金や手形の形で決済されます。１億円の商品が売れたとしても、支払いの８割が売掛金なら、キャッシュインは２０００万円。残りの８０００万円が現金化されるのは、早くても１カ月後、２カ月後となります。

つまり、帳簿上の数字と現実のお金の流れの間にはタイムラグがあるのです。「商品は売れているのに現金がない」という事態が生じるのは、そこに時間的なズレがあるためです。これは多くの企業が経験していることです。

現在はバブル期とは違います。現金が不足し、資金調達に行き詰ったとき、簡単にお金を貸してくれる銀行などありません。キャッシュフロー経営の重要性がそれだけ高まっているということです。平素からキャッシュフローを重視し、何かあっても対応できるだけの「流動性」を確保しておかなければ、企業ましてや中小企業が生き延びることができません。

しかし残念ながら、中小企業の経営者たちの意識はまだまだ甘いのです。バブル崩壊やリーマン・ショック*であれだけ苦しい思いをしたにもかかわらず、いまだに「資金がショートしたら借りればいい」と考えている経営者もいます。それどころか、自分の会社の決算書をじっくり読むこともないから、財政状態もわからない。どれくらいの流動性があり、借入金はいくらで、その返済のために毎月どれくらいの現金が必要なのかといったことすらわからないまま、行き当たりばったりの経営を続けている社長も多いのです。

経営改善のヒントは数字のなかにある

社長は基本的に投資したがるもの。お金を借りてでも投資したい、会社を大きくしたいと考えるものです。しかし一方で、借りたお金を返済するために、毎月どれくらいの現金が必要になるかといった問題に対しては、案外、無頓着です。言ってみれば、社長の頭のなかは損益計算書だけなのです。

1章でお話ししたように、損益計算書は一定期間中の収支を表す決算書です。ある期間中に「商品やサービスがどれくらい売れて、そのためにどのくらいの経費がかかったのか、最

リーマン・ショック
2008年9月、アメリカの投資銀行リーマン・ブラザーズの破綻を緒に、世界的に起こった金融危機とそれによる世界同時不況のこと。サブプライムローン問題による住宅バブル崩壊が、きっかけとされています。

終的にいくら儲かったか」を教えてくれます。

また、経営改善のヒントがたくさん潜んでいるのも損益計算書の中です。

たとえば売上総利益には、商品力と社員の販売力の問題が潜んでいますし、営業利益は本業の利益ですから、組織で働く人たちの汗と涙と感動が潜んでいます。経常利益には会社全体の収益力が見えます。

一方、財務状態を教えてくれるのは貸借対照表です。中小企業の社長の多くは貸借対照表が苦手ですが、だからこそ社長夫人の役割が大切なのです。

日次決算から年次決算まで自計化し、自分の手で決算書をつくれるようになった社長夫人は貸借対照表が読めます。今、会社には現金と預金がどれくらいあり、借入金がいくらで、そのお金はどのように使われていて、その分の利息が毎月いくらかかっている……。貸借対照表が読めるようになれば、何より重要なキャッシュフローの状況もわかるようになります。

たとえば、ある会社が行った設備投資の話をしましょう。その会社は金融機関の応援もあって工場を改築することになりました。そのために８０００万円の借入を行いました。

８０００万円を10年で返済するとすると、元本の返済額８００万円に利息を加えた約９５０万円の資金が必要になります。実際にはこれだけ必要なのですが、１５０万円の支払利息は営業外費用として処理されるので、ここでは８００万円の返済額のみを対象にします。では、このとき経常利益はいくら必要になるでしょうか。一緒に計算してみましょう（以下の式は概算です）。

借入金８００万円の返済は最終的な利益（当期利益）から支払われることになります。当期利益を求めるには、厳密に言うと課税所得金額に税率をかけたものを税引前利益から引いて求めることになりますが、計算式を単純にするため税率をかける課税所得金額ならびに税引前利益は経常利益とみなします。また税率は40％とします。すると計算式は上記のようになります（図表４）

図表4●当期利益から逆算して経常利益を求める計算式

当期利益＝税引前利益－（課税所得金額×税率）

ここで計算式を単純化するために税引前利益および課税所得金額を経常利益とみなす。すると、計算式は下記のようになる。

当期利益 ＝ 経常利益 －（経常利益 × 税率）

この式に当てはめると

800万円 ＝ 経常利益 －（経常利益 × 40%）
800万円 ＝ 経常利益 （1 － 0.4）

$$経常利益 = \frac{800万円}{1-0.4} = 約1333万円$$

つまり、税金を含めて約１３３３万円の経常利益が必要となります。

この会社は売上が６億円あり、経常利益も２４００万円ありました。しかし、今までの借入金の返済が年間２０００万円あったので、新たな借入をすれば返済金は年間２８００万円になります。これだけの返済をするためには経常利益がいくら必要かというと、右と同じ計算をすると

経常利益＝２８００万円÷（１－０・４）
≒４６６６万円

これだけの経常利益を出さないと返済資金が

決算書に登場する５つの利益（詳しくは次項参照）
売上総利益　　　　＝売上高－売上原価など
営業利益　　　　　＝売上総利益－（販売費＋一般管理費）
経常利益　　　　　＝営業利益＋営業外収益－営業外費用
税引前（当期）利益＝経常利益＋特別利益－特別損失
当期利益（純利益）＝税引前（当期）利益－法人税など

不足するということです。

経常利益が２４００万円しかないのに、新たな借入をすると２２６６万円（４６６６万円－２４００万円）も不足するということです。

この会社は８０００万円もの投資を行うには、体力的にも、体質的にも脆弱すぎたのです。もし社長夫人が自分で決算を行い、日頃から貸借対照表に接していれば、この段階で大きな借入を行うことがいかに危険であるかに気づいたはずです。そして、社長に資料を示しながらきちんと状況を説明することで、無理な借入を思いとどまらせることができたのではないでしょうか。あるいは借入を行うにしても、貸借対照表に記載されたものから資金に変わるものを見つけ出し、それを自己資金にできれば借入の総額を減らすこともできたはずです。

会社の業績向上をもたらすのは、売上アップだけではありません。いくら売上が伸びていても、コストや借入金が増えれば、キャッシュフローはかえって滞りがちになるのです。逆に、売上は横ばいでも、少しの工夫でコストを削減した結果、利益率が上がって、お金の流れがよくなることもあります。

しかし、どんな改善策が効果的かは、会社により、またその時点での経営状態や財務状態によって異なります。だからこそ、社長夫人は決算書をつくるだけでなく、正しく読み解かなければならないのです。経営改善のヒントは、かならず数字のなかにあるからです。

倒産すべくして倒産する社長の特徴とは？

◆粗利益率を1％上げるだけで……

前項の最後に述べた「会社の業績向上をもたらすのは売上のアップだけではない」という事例を紹介しましょう。売上規模が20億円ほどの会社ですが、ここ数年は売上も利益も頭打ちになっていました。社長はのんびりした性格で、「儲けはほどほどでいい」が口癖だったのですが、さすがに不安になったのでしょう。社長夫人を通して、私にアドバイスを求めてきました。

「1億円の売上アップをめざしたい」というのが社長の考えでした。しかし、長引く不況下にあって、業界全体の売上も落ち込んでいました。とくに有望な新製品開発や新市場開拓が望めるなら別ですが、現状の商品と市場のままで売上を1億円も伸ばすのはほとんど不可能のように思われます。

私は社長夫人と一緒に決算書をめくり、他に突破口がないか探しました。そして注目したのが「粗利益率」でした。この会社の粗利益率は7・5％しかなかったのです。

私は社長夫人に言いました。

「見つけた！　ここよ。この数字を1％上げれば、売上を1億円アップするよりずっと利益は増えるはず」

決算書には五つの利益が登場します。

1番目は、売上高から仕入高や製造原価などを引いて算出される「売上総利益」。

2番目は、売上総利益から販売費や一般管理費を引いた「営業利益」。

3番目は、営業利益に受取利息や配当金などの営業外収益を加え、支払利息などの営業外費用を引いた「経常利益」。

4番目は、経常利益に特別利益を加え、特別損失を差し引いた「税引前当期利益」。

5番目は、税引前当期利益から法人税が引かれた「当期利益」。これが「純利益」ということになります。

一般に「粗利益」と呼ばれるのは、いちばん最初の売上総利益のことです。この段階で売上全体に占める粗利益率が7・5％では低すぎます。しかし、その分だけ改善の余地があるとも考えられます。

この会社の売上は約20億円です。したがって、粗利益率を1％上げただけでも売上総利益は2000万円アップします。これに対し、無理な販売を行って売上を1億円伸ばしたとしても、売上総利益は750万円増えるだけです（粗利益率が7・5％で変わらないとしたとき）。どちらが効率的かは言うまでもないでしょう。

しかし、たとえ1％であっても商品の価格を上げるのは容易なことではありません。売値

$$\text{売上総利益率（粗利益率）} = \frac{\text{売上総利益（売上高－売上原価）}}{\text{売上高}} \times 100$$

１０００円の商品ならわずか10円の値上げですが、それでも販売数に響いてしまうからです。たかが１％、されど１％……。

そこで私たちはその１％分を価格への転嫁ではなく原価を下げることで実現しようと考えました。とりあえず１％分をさらに細かく分け、原価や販売費や管理費など、いたるところで少しずつ削ることにしました。その結果、半年後には粗利益率１％アップに相当する２０００万円の経費の削減に成功しました。そればかりか、各部署で「コスト削減・利益率アップ」の意識が高まり、沈滞気味だった社内のムードまで格段によくなったのです。

この会社の経営改善は、決算書の数字を洗い直すことから始まり、目的どおりの成果を上げただけでなく、オマケとして全社員の意識改革にも成功したわけです。

◆倒産すべくして倒産する会社の社長とは？

私はよく社長夫人たちに「数字は変わらない」という話をします。ただながめているだけでは数字は変わりません。数字は、経営者の考え方と行動が反映したものです。ですから、何の努力もしなければなにも変わりません。数字が変わるのは、経営者が何らかの意思をもって行動を起こしたときなのです。

もう一つ、別の例をご紹介しておきましょう。ある自動車部品メーカーは、リーマン・ショックの直後、危機を迎えました。それまで１６５億円あった売上が１０６億円にまで激減し、経常利益で６億７０００万円の赤字を計上したのです。

社長はこの売上減に大きなショックを受けていました。「売上が１００億程度ではやっていけない」と言うのです。しかし私は、数年間の決算書に目を通した結果、まったく違う印象を受けました。

その会社の適正規模はもともと売上１００億円程度のように思えたのです。リーマン・ショック前に１６５億円もあったことのほうが、むしろ異常な事態でした。それなのに、１６５億円の売上に合わせて固定費を増やしてしまった。６億７０００万円もの赤字を出してしまった原因はそこにあるのではないでしょうか。

この会社の場合、固定費をもう一度、１００億円の売上規模に合わせることができれば、危機は乗り越えられると思いました。

社長はすぐにコスト削減計画を打ち出しました。計画の中心は、生産管理における無駄の排除と人員の再配置です。それにともなって社員の間でも危機感が高まり、意識改革が進みました。

結果はどうだったでしょう。1年たっても売上はあまり変わらない１１６億円でした。しかし、経常利益は９０００万円の黒字になりました。さらに2年後には売上が１３５億円まで伸び、経常利益は4億８０００万円の黒字となったのです。社長は自信を取り戻し、社内に活気が戻ってきました。ようやく危機を乗り越えたと考えてよいでしょう。

この自動車部品メーカーの社長夫人は、私が主宰する「社長夫人革新講座」の受講生です。受講生の夫のなかには、自分の妻がどこで何を学んでいるのかまったく関心を示さない人もいるようです。しかしこの会社の社長は、奥さんが講座を終えて帰宅すると、かならず「今回はどんな勉強をしてきたの？」と尋ねたそうです。

会社を立て直すことができた経営者たちは、例外なく謙虚で素直です。そうした謙虚さや素直さは、新しいことを受け入れる柔軟性、そして自分と考え方が違う人の意見も聞き、必要と思えば取り入れることのできる度量の広さにも通じるのではないでしょうか。

世の中には、残念ながら経営改革に失敗し、倒産してしまう中小企業もたくさんあります。私自身、いくつもの事例を見てきました。その経験から言えるのは、厳しい言い方かもしれませんが、「倒産すべくして倒産する会社もある」ということです。

ひとくちに中小企業の経営者といっても、実際にはさまざまなタイプの方がいらっしゃいます。倒産した会社の社長もいろいろでした。親分肌で豪快だけれど、お金の計算が苦手な社長。反対に、お金の計算は得意だけれど、気が弱くて依存心の強い社長。論理的だけれど、実行力に欠けるインテリ社長。そして、プライドばかり高く、計画どおりに行かないとすぐ人のせいにする二代目社長……。

しかし、似たところもありました。たとえば、会社を倒産させてしまった社長の多くは、人の話を聞かず、自分のやり方を変えたがりませんでした。社員の声も、社長夫人の訴えも聞こうとせず、もちろん私のアドバイスにも耳を貸しません。その結果、一人よがりの経営が行き詰まり、気づいたときにはもう改革のしようもなくなってしまったのです。

決算書は会社の通信簿。そして、会社の業績は経営者の生きざまなのだと、私はつくづく思います。

◆決算書を読むコツは「森を見てから、木を見る」

社長夫人にとって社長である夫がどちらのタイプなのかは深刻な問題ですが、どうも社長夫人たちの話を聞く限り、人の話を聞きたがらない社長のほうが多いようです。

しかし、会社が倒産などということになれば、社長夫人も大勢の社員たちも路頭に迷うことになってしまうのですから、社長夫人は何としても社長を支えていかなければなりません。たとえ社長が人の話を聞かないタイプであっても、聞いてもらわなければならないのです。

決算書は、そのための格好のツールとなります。経営改善の突破口は、かならず決算書のなかにあるのです。言葉だけで社長の心を動かし、説得するのは簡単ではないかもしれませんが、決算書を開いて的確な資料を示せば、社長だって説明を聞きたがるのではないでしょうか。

そこで本書では、次章以降、決算書をいかにして読み解き、経営判断に役立つ資料として提供するかについて具体的に説明していこうと思います。その前にいくつかお話しておきたいことがあります。

まずは、決算書を読むための心構えです。

「木を見て森を見ず」という言葉があります。一つひとつの項目や細かい数字にばかりこだわって、全体のバランスや整合性を考えないという意味です。女性の能力を過小評価したくはないのですが、どうも女性には木ばかり見て森全体を見ようとしない人が多いようです。決算書を読むときも、現在の数字にこだわるあまり長期的な展望を失ったり、「コストがかかり過ぎる」と言って将来のための投資を嫌ったりする傾向が強いのです。

ただし、「森を見て木を見ず」も困りもの。中小企業の社長にはこのタイプが多いのですが、大きなことや遠い先のことばかり考えていると、夢と現実とのギャップが拡大し思わぬところで足をすくわれてしまいます。

一方、社長夫人のなかにも「森を見ている」つもりの人がいるようです。ある程度、決算書の数字が読めるようになると、森全体が見えるような気がして、「この会社のことがいちばんよくわかっているのは自分だ」と思うようになってしまうのかもしれません。

しかし、それは世間知らずの思い込みです。実際に経営を担っているのは、社長夫人ではなく社長です。社長がその両肩に背負っている責任の重さや孤独の深さは、社長夫人の比ではないのです。社長夫人は、自分があくまでも社長のサポート役であることを忘れてはなりません。自分自身が社長となり、経営全体に対して、また全社員の生活に関してすべての責任を負う覚悟があるのなら別ですが、そうでなければ社長のサポート役に徹するべきでしょう。

それでは、サポート役としての社長夫人は、どんな心構えで決算書をながめたらよいのでしょうか。答えは「森を見て、木を見る」です。社長夫人は、森全体を見渡したうえで、木の1本1本もよく見てください。社長が森しか見ないタイプならなおのこと、社長夫人は決算書の隅々まできちんと見なければなりません。そして、社長に向かってこう励ましてあげたいものです。

「社長は森を見ていてください。木の1本1本は私がしっかり見て、社長に報告します」

会社経営に役立つ決算書の読み方とは？

◆決算書を「五つの目」で読み解いていく

決算書の数字が読めるようになれば、自然と森の全体像も見えるようになってくるものです。ただし、決算書を読むにはコツがあります。漠然と数字をながめているだけではダメ。目の前の数字から今は何を読みとるべきなのか、視点を明確にする必要があります。

決算書を読む際に必要な視点は五つあります。「安全性」「収益性」「成長性」「生産性」「採算性」です。それぞれについては次章以降、詳しくお話ししていきますが、ごく簡単に説明しておきましょう。

中小企業にとって何よりも大切なのは「安全性」です。会社を取り巻く環境や社会情勢の変化に対して「耐えうる力」がどれだけあるかを見るための指標です。たとえば、安全性が高ければ高いほど、リーマン・ショックのような経済的な大事件や、大地震、異常気象のような天災に見舞われても、耐えていく力が大きいことになります。

安全性を見るには、貸借対照表で財務体質を調べます。安全性の指標はいくつかありますが、もっとも重視すべきはキャッシュフローです。流動資産の状態。つまり「いつでも使える現金や預金」がどのくらいあるかです。売掛金や受取手形では、いざというときほんとうにお金になるかどうかがわかりません。固定資産も当てになりません。バブル期に安全性を無視して不要な投資に走った会社の多くが、バブル崩壊後、キャッシュフローに行き詰まり、バタバタと倒産してしまったのはすでに述べたとおりです。

次の収益性と成長性は企業活動の両輪です。「収益性」は、毎年、どのくらいの収益を確保できているのか、あるいは十分な収益を確保できる体質にあるのか。言いかえれば「儲ける力」がどのくらいあるか。そして「成長性」は、売上や利益、資産、従業員数などが毎年、増加しているかどうかを示しています。

創業当初の会社がもっとも重視すべきは収益性です。キャッシュフローにある程度の余裕が生じるまでは、とにかく儲けて、お金を貯めていかなければなりません。また、利益や売上の増加を上回るスピードで従業員を増やしたり、不動産に投資したりするようなことがあってもいけません。いずれもキャッシュフローが行き詰る原因となります。

「生産性」は大きく二つに分けられます。従業員一人あたりどの程度の売上や利益を生み出したかを見るための「労働生産性」と、投下した資本がどれくらいの価値を生み出したかを見るための「資本生産性」です。

そして最後の「採算性」は、ビジネスの損益分岐点を見るための財務指標です。会社が何か新しい事業を始めるとき、新商品を発売するとき、または新市場を開拓しようとするとき、かならずそこには「最低限これだけの儲けは必要」という損益分岐点があります。採算性を度外視したビジネスを始めるのはたいへん危険で、会社の命取りになることも多いのです。

決算書の数字はいろいろなことを教えてくれます。経営判断に役立つ指標も単純なものから複雑なものまで数多くあります。しかし、以上に挙げた5つの指標を理解し、読み解けるようになるだけで、ずいぶんたくさんのものが見えてくるはずです。会社の経営がうまくいかない原因はどこにあるのか、そして、その問題を改善するにはどうすればいいのかがわかるようになるのです。

たとえば安全性、つまりキャッシュフローに問題があるときは、成長性と収益性を調べることで、「なぜキャッシュの流れが悪いのか」を探ることができます。そして、成長性や収益性に問題がある場合は、根本的な原因が生産性にあることが多いものです。社員数が多すぎれば、当然、人件費が経営を圧迫します。投資のために行った借入が大き過ぎても、やはり返済や利息の負担が重くのしかかってきます。

ここまで掘り下げて数字を読み込んでみることで、初めて会社の業績が伸びない原因がわかるのです。

経営が悪化した原因を正しく見極める

会社の業績が悪化すると、「不況で売上が伸びないせいだ」と考える経営者が多いようです。しかし、経営が行き詰まる原因は、つねに不況のせいとは言えません。また、売上を伸ばすことだけが効果的な改善策とも限りません。苦境を打開する方法は、その会社の状況により、また諸条件により異なります。経営が悪化した原因を正しく見極めることができてこそ、適切な改善策を打ち出すことができるのです。

たとえば、一人当たりの労働生産性が低い場合、改善策としてリストラ*を考える経営者も多いでしょう。しかし、労働生産性が低いのは、ほんとうに社員が多過ぎるためなのでしょうか。もしかしたら、社員のモラルや意識が低いせいかもしれません。人員配置や労働環境が悪いためかもしれません。だとしたら、社内の意識改革や配置転換を図ることによって、リストラなしでも労働生産性を上げていくことが可能です。

資金力に余裕がない中小企業にとって、重視すべきは売上よりも利益であり、命綱となるのはキャッシュフローだと述べました。家族が安心して暮らすためには、ある程度の預貯金が必要なのと同じこと。会社も万が一の備えとして、いつでも使える現預金の準備が必要ですし、それに見合った利益を出さなければいけません。

ただし、売上を重視しなければならない場合もあります。ある和菓子メーカーのケースを紹介しましょう。

その会社は地域ではよく知られた老舗で、県内に数店舗を展開しています。主力商品は和菓子ですが、数年前からケーキを中心とする洋菓子の販売も始めました。ところが、そのケーキの販売がなかなか軌道に乗りません。和菓子と比べて、返品率が高いことが最大の問題でした。

リストラ
英語のリストラクチャリングの略語。本来は、事業の再構築という意味ですが、ここでは不採算部門の縮小などに伴って行われる従業員の削減、つまり「解雇」を意味しています。

社長はため息まじりにおっしゃいました。

「洋菓子を始めたのは失敗でした。返品率が20％近くもあるんです。こんなことではやっていけないから、もうケーキはやめようと思っています」

決算書を見ていた私は、驚いて言いました。

「社長、ちょっと待ってください。今、ケーキの販売をやめたらたいへんですよ」

「返品率20％」はたしかに問題ですが、それでも洋菓子部門の売上は会社の売上全体の30％を占めていたのです。ケーキの販売をやめた場合、30％の売上減をカバーできる商品が他にあるのでしょうか。あるいは、売上が30％減っても十分な利益を確保する方策はあるのでしょうか……。

この和菓子メーカーがしなければならないのは、ケーキの販売をやめることではありません。ケーキの返品率を下げればいいのです。返品率が高いのは、仕入れる量が多過ぎるせいなのかもしれません。品揃えに魅力がないためかもしれません。その原因を分析して、仕入れた分を売り切るように改善すべきです。そうすれば、返品率が下がることで利益の増加を図れます。

効果的な経営改善策は企業により、状況により異なります。しかし、ヒントはつねに決算書のなかにあるのです。

では、いよいよ次章からは、決算書を読むための「五つの目」に焦点を当てながら、具体的な経営改善策について考えていくことにしましょう。

第2部

決算書を読み解き、経営に活かす

経営判断に役立つような決算書の読み方を身につける！

あるとき、私が長く顧問を務めてきた中小企業の社長が、高齢を理由に引退することになりました。社長夫妻には子どもがなく、他の後継者もいません。社長は会社を売却することを決意しました。社長が望んだ条件は、社名を残すことと社員を一人も解雇しないこと。正直言って、社長も私も半信半疑でした。中小企業受難の時代に、そんな都合のよい条件で会社を買ってくれる相手が見つかるものでしょうか……。

結果は、私たちの期待をはるかに超えるものでした。こちらが提示した条件が認められただけでなく、驚くような価格で売買契約がまとまったのです。売り手である私たちも、買い手である先方の企業も、１００％満足のいく理想的なＭ＆Ａとなりました。

なぜそのＭ＆Ａはそれほどうまくまとまったのでしょう。

第一の理由は、この会社が先方の求める高い技術と独自のサービスをもっていたこと。

第二の理由は、社長夫妻が堅実経営を続けてきた結果、この会社は自己資本比率が高く、財務状態がとてもよかったこと。

そして第三の理由は、この会社の決算書の中身が公私混同もなく非常にきれいで、疑わしいところや不明な点がまったくなかったことです。この会社は3社に分社していたのですが、将来のために1社に統合し、資産などわかりやすくしていた成果でした。

つまり、この会社の社長夫妻は、やるべきことをきちんとやってきただけ。その積み重ねが、いざというときに大きな価値を生み出したのです。なかでも、決算業務をすべて自分の手で行ってきた社長夫人の貢献は大きかったと思います。

M&Aのようなケースに限らず、銀行や取引先が相手企業を評価する際には、決算書を徹底的に分析します。貸借対照表も損益計算書も、漠然とながめるだけなら単なる数字の羅列ですが、特定の意図をもって読み解き、分析し、比較すれば、いろいろなことが見えてくるのです。

だとすれば、社長夫人が決算書を作成するだけでなく、経営者の目で決算書を読めるようになれば……。それこそ鬼に金棒ではないでしょうか。

決算書が読めれば、業績が伸びない原因や、会社が抱える課題を発見することができます。問題点が見つかれば、それらを社長に報告して、一緒に改善策を考えることもできます。その結果、会社は倒産の危機を乗り越えることができるかもしれません。それどころか、さらに発展できるかもしれません。決算書のデータを経営判断に役立てるとは、そういうことなのです。

もちろん、自分の会社を高く売るために決算業務を行おうと考える社長夫人は少ないでしょう。しかし、いずれ会社をＭ＆Ａするにしても後継者に委ねるとしても、経営基盤を整え、できるだけよい状態で引き継ぎたいものではありませんか。

第2部では、決算書を正しく読み解き、分析し、経営判断に活かすための具体的な方法をお話しします。キーワードは、安全性、収益性、成長性、生産性、採算性の五つ。いずれも、経営分析を進めるうえで重要な指標となります。

数字の話ですから、どうしてもややこしくなる部分はあるでしょう。数字が苦手な人は苦痛に感じるかもしれません。でも、たいへんなのは最初だけです。これも社長夫人の仕事のうちなのですから、「私がやらなくて、誰がやる！」くらいの気概をもって、少しだけがんばってください。同じ決算書をながめても、以前とはまったく違う世界が見えてくるはずです。

4章

決算書を読む視点1

イザというとき
あなたの会社は大丈夫か

中小企業にとってなにより大切な「安全性」の分析と、
より高めるための対策

予想外の環境変化にも耐えて生き残る会社をめざす

「あなたはほんとうにキャッシュになってくれるの？」

経営分析のテーマはいくつもあります。一般的には、損益計算書を中心に「収益性」の分析から始めることが多いでしょう。中小企業でも、創業期にはとにかく利益を上げてビジネスを軌道に乗せなければなりませんから、やはり収益性の分析を重視すべきです。しかし、経営が軌道に乗り、投資や借入が始まってからは、「安全性」の分析がもっとも重要になります。

安全性は、会社の支払い能力と財務体質の健全性を知るための指標です。安全性が高い会社ほど財務体質が良好で、資金繰りも楽ということになります。カギとなるのは「キャッシュフロー」つまり、お金の流れです。

中小企業に多い「黒字倒産」は、利益が出ているはずなのに現金がないことで発生します。そんな事態を避けるためにも、貸借対照表をもとに安全性の分析を行って、自分の会社の流動資産の状況を知らなければなりません。中小企業経営ではキャッシュフローの強化が第一なのです。

私は結婚したばかりの頃、「とにかく100万円貯めよう」と決意し、買いたいものも我慢してひたすらお金を貯めました。何かあっても困らないためには、最低100万円の貯金が必要だと考えたからでした。

会社も同じです。理想的には、売上3カ月分程度の現預金の備えが必要です。社長夫人のなかには、毎月の資金繰りにさえ苦労している人も多いことでしょう。「売上3カ月分」などと言えば、「そんなに貯められるわけがない」と思われるかもしれません。しかし、万が一の備えとしては必要なのです。

資金繰りの源泉は毎月の売上です。仮に、売上代金を回収できるのが翌月末だとしましょう。一方、借入金は毎月、返済しなければならず、90日決済で振り出した支払手形*を決済するためには3カ月先までの資金が必要だとします。

この会社が突然、大地震に見舞われ、1カ月間、営業できなくなったらどういうことになるでしょう。その月の売上は0円です。当然、翌月、回収できる売掛金も0円です。営業再開しても、しばらくは以前ほどの売上が見込めないかもしれません。しかし、固定費の支払いや借入金の返済、手形の決済は待ってくれません。蓄えていた現金や預金を取り崩すしかないでしょう。だとすれば、やはり最低でも2カ月分の運転資金は必要。これに1カ月分の余剰資金を加えて、売上3カ月分の蓄えはほしいという話になるのです。

3カ月分の現預金が貯まるまでは、極力、出費を抑えなければなりません。よく「会社名義でクルマを買えば経費が増やせる」などと言われますが、馬鹿げた話ではないでしょう

支払手形
支払いのために振り出した手形のこと。振り出してから決済するまでの期間をサイトといいます。この期間が長いということは、支払いまでに時間的余裕があることを示しています。

図表5●安全性が高いかどうかは流動資産で判断する

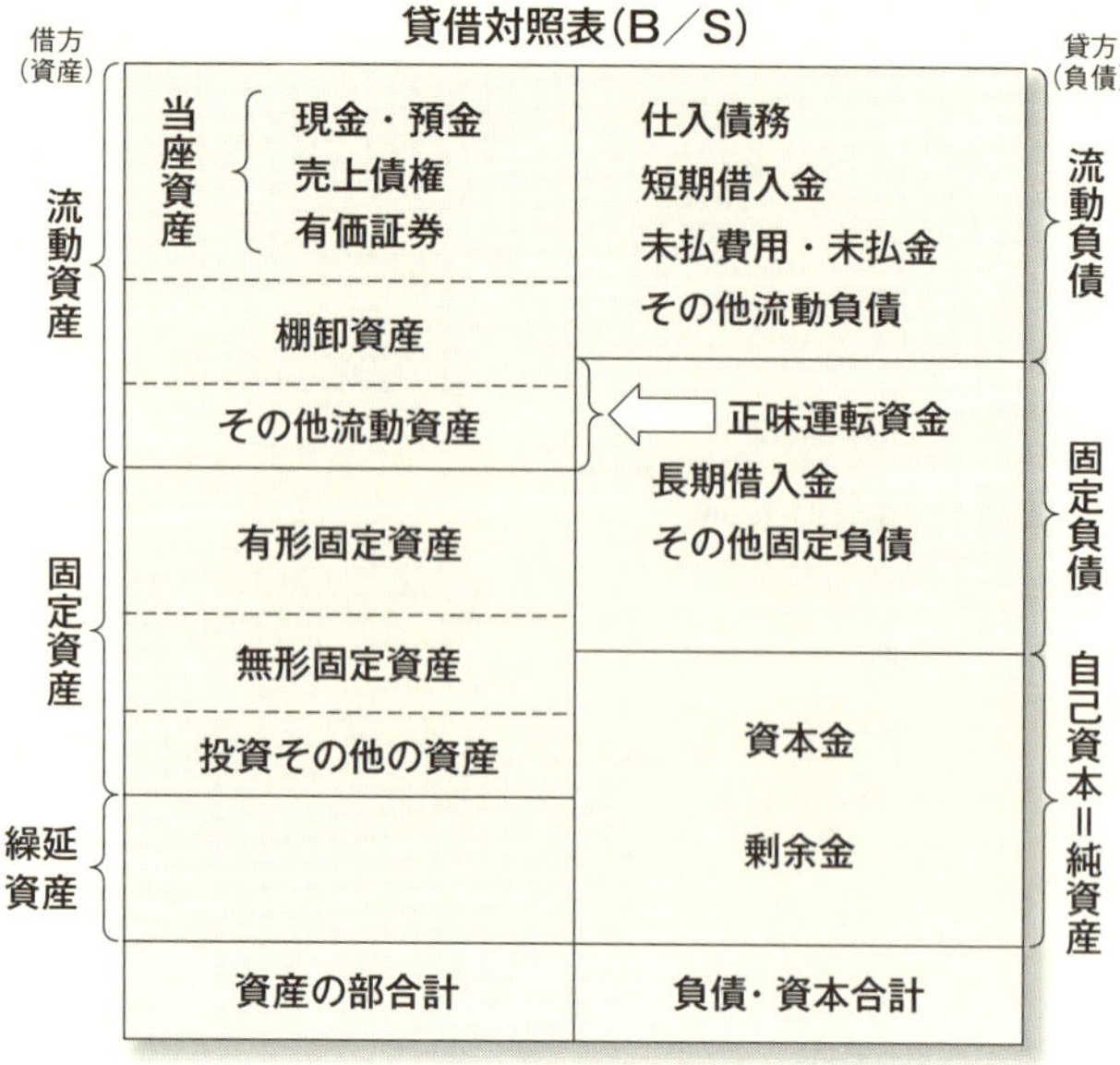

か。いくら経費として計上できても、そのぶん、キャッシュは確実に減ってしまいます。

借入金で土地や建物を買うのも危険です。土地や建物などの固定資産は、本来、資本金や剰余金などの純資産で買うべきものです。お金を借りれば、利息をつけて返さなければなりません。借入金の返済に困って新たな借入を重ね、どんどん身動きがとれなくなる会社が多いことを忘れないでください。

借入を行う場合は、原則として必要な金額だけを借りるようにします。銀行が貸してくれるからといって必要以上の金額を借りてはいけません。多く借りれば、毎月の返済額もそれだけ増え、キャッシュフローを圧迫する原因となります。

売掛金や受取手形、棚卸資産の内容にも注意しましょう。貸借対照表を広げて安全性の分析を行うとき、私はいつも、目の前に並んだ数字に向かって「あなたはほんとうにキャッシュになってくれるの？」と問いかけます。その売掛金は確実に回収できるのか、その手形は間違いなく現金化できるのか、その在庫は計画どおり販売し資金に変わるのか――。回収できない売掛金や、売れる見込みのない在庫では、いざというとき何の役にも立たないからです。（図表5）

安全性の高い会社とは、借入金や不良債権、不良在庫が少なく、いつでも現金化できる流動資産が多い会社のこと。予想外の環境変化にも耐えて生き残れるのは、そういう会社です。はたして、あなたの会社の安全性はどうでしょうか。

安全性を見るための二つの視点

それでは、具体的な事例を紹介しながら、会社の安全性を分析する方法と、その改善策について説明していくことにしましょう。

この章では二つの会社に登場していただきます。北日本の大都市で看板制作などを営んでいる商業デザインのA社と、中部地方の有名避暑地で建設業を営むB社です。どちらの会社も、社長夫人が私の「社長夫人革新講座」の受講生であり、そのご縁で経営のお手伝いをしています。

A社は創業22年。売上は年間2億３４００万円で、従業員は25名。創業者である社長は国の展覧会などに数回入選されるなど、芸術家としても優れた才能の持ち主です。また営業センスに長けた聡明な社長夫人、そして社長のデザインを形にするディレクターの役割を担う部長（社長の弟）、それぞれの才能を一つにすれば３本の矢となり、将来ピカっと光る会社となるような素材を秘めています。

社長自身が「あるセミナーで、会社が赤字を出すということは社会の罪悪だという話を聞いて、創業以来赤字を出したことがありません」と言うとおり、借入もなく非常に財務体質の強い会社です。

一方のB社は、売上はA社と同じ規模で約2億４０００万円、従業員は13名。

創業44年で、現社長は2代目。別荘の新築の他、リフォームや改築なども手広く行っています。創業者である前社長は会長に退かれましたが、今も元気でかくしゃくとされています。じつは、安全性の分析を行うなかで、この会長の「ある行動」が会社の財務状態に大きな影響を与えていたことがわかるのですが、これは本章の最後の方で述べます。

A社とB社の貸借対照表は次ページ表のとおりです（図表６、７）。この二つの貸借対照表から、両社の安全性を探っていきましょう。

安全性の指標には、大きく分けて三つのグループがあります。第一は、短期的な支払い能力を見るための「流動比率」と「当座比率」。第二は、長期的な安全性を見るための「固定比率」と「固定長期適合率」。第三は、財務体質の健全性を見るための「自己資本比率」で

図表6● A社のB／SとP／L　（22期）

（単位：千円）

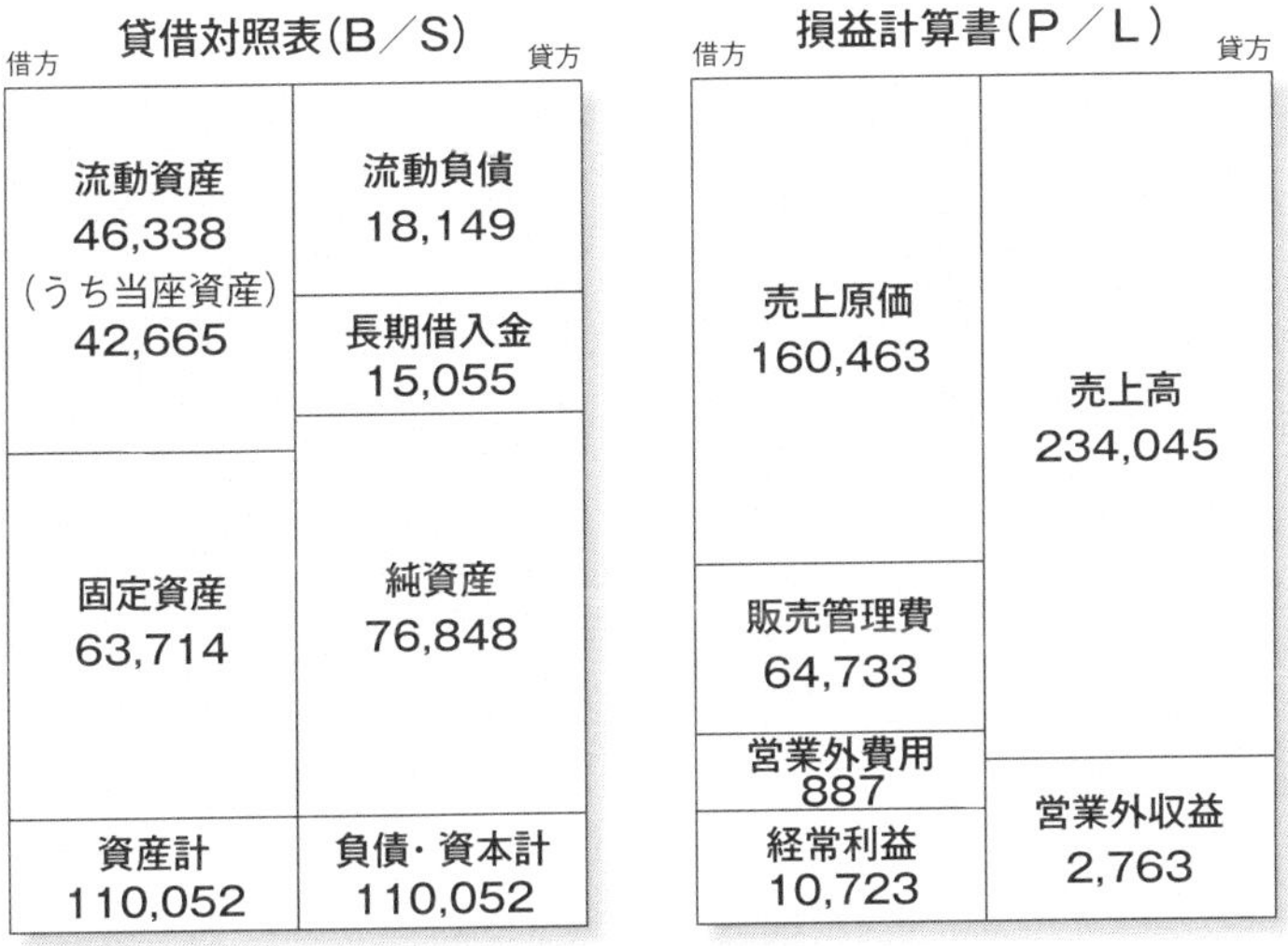

流動比率	255.3%	自己資本比率	69.8%
当座比率	235.1%		
固定比率	82.9%		
固定長期適合率	69.3%		

図表7● B社のB／SとP／L　（42期）

（単位：千円）

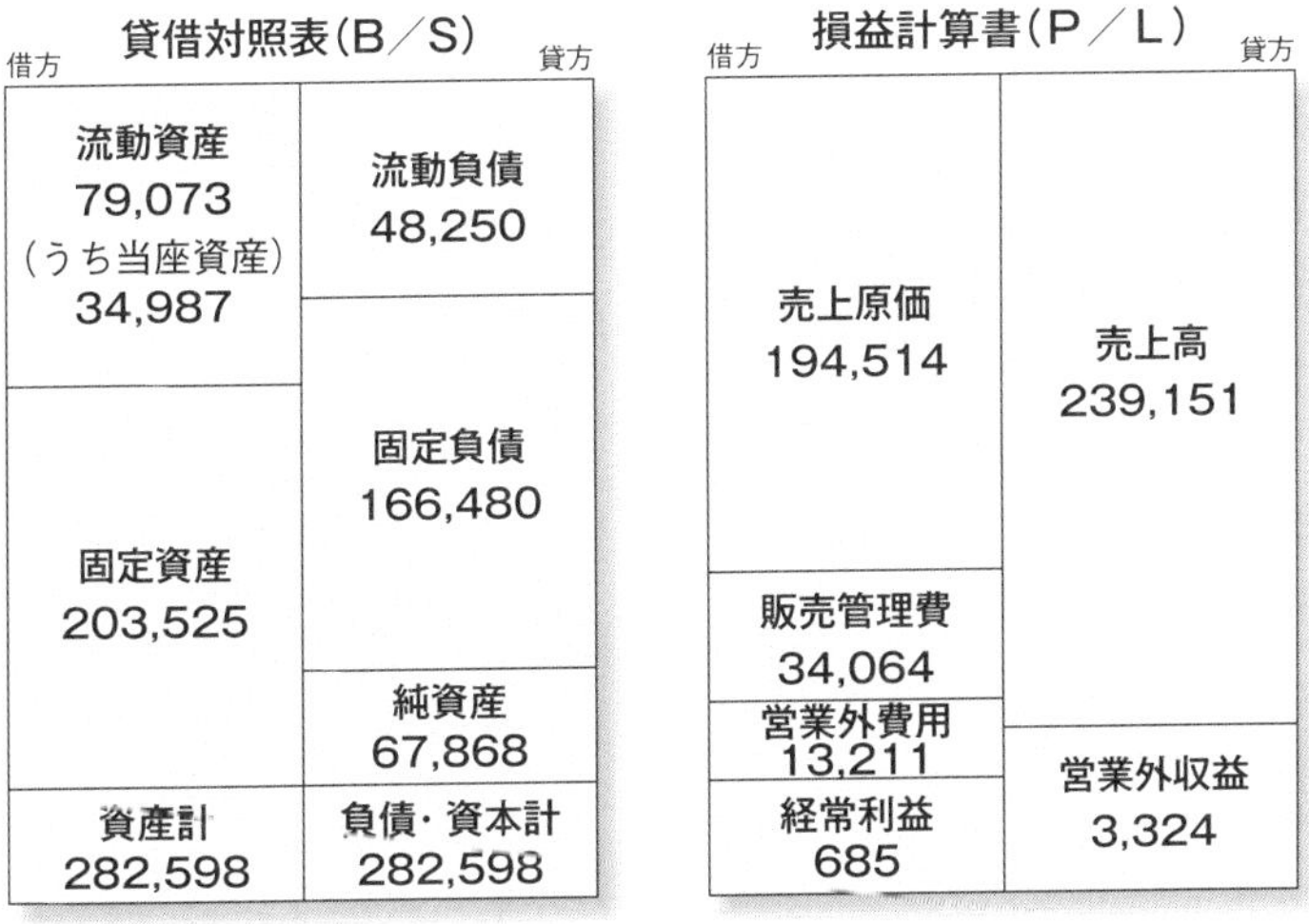

流動比率	163.9%	自己資本比率	24.0%
当座比率	72.5%		
固定比率	299.8%		
固定長期適合率	86.8%		

す。

以下でこれら五つの指標を紹介していきます。五つの指標は相互に関連していますが、かならずしも同じ結論が導き出されるとは限りません。五つの異なる視点からながめるのだと思ってください。ある視点から見れば「安全」なのに、別の視点から見ると「要注意」というケースもあります。

決算書を複数の視点からながめ、多角的に分析することで、初めて真の問題点が見えてくるのです。そこにこそ、社長夫人が決算書を読みこなす意義があります。

事例研究　安全性を分析する指標とその読み方

◆短期的な資金繰りの安全性を見るには「流動比率」と「当座比率」

「流動比率」は、短期的な支払い能力を見るための指標です。1年以内に支払わなければならない流動負債の支払い手段として、1年以内に現金化できる流動資産がどれだけあるかが焦点となります。

「流動資産」とは、貸借対照表の借方にある資産項目のうち、現金・預金、売上債権（売掛金＋受取手形）、有価証券、棚卸資産、その他の流動資産（当座資産や棚卸資産以外の1年以内に資金化できる資産）に当たるものです。

一方「流動負債」とは、仕入債務、短期借入金、1年以内返済長期借入金（1年以上かけて返済する長期借入金のうち1年分を固定負債から流動負債に振り替えたもの）、未払費用・未払金、仮受金・前受金、そしてその他の流動負債（それ以外に1年以内に支払わなければならない負債）のことです。

流動比率は、流動資産に対する流動負債の比率ですから、流動資産を流動負債で割り、100をかけることで求められます（次ページ図表8）。そして、この数値が大きいほど、そ

図表8●流動比率を求める計算式

$$\text{流動比率} = \frac{\text{流動資産}}{\text{流動負債}} \times 100$$

の会社の支払い能力は高いことになります。目安としては、１３０～１５０％が「普通」。１７０％以上あれば「良好」と考えてよいでしょう。

Ａ社の貸借対照表を見ると、流動資産が４６３３万８０００円。流動負債が１８１４万９０００円。したがって、流動比率は２５５・３％。きわめて良好な数値であり、短期の支払い能力が非常に高いことがわかります。

一方のＢ社はどうでしょう。流動資産が７９０７万３０００円、流動負債が４８２５万円で、流動比率は１６３・９％。こちらも悪くありません。しかし、これだけで安心することはできないのです。

流動比率を分析するときに注意しなければならないのは、流動資産のなかに不良債権や不良在庫が含まれているケースがあることです。回収できそうにない売掛金、陳腐化した棚卸資産など、１年以内の資金増加につながらない資産は排除して考えなければなりません。そこで、もう一つの指標である当座比率が意味をもってきます。

「当座比率」は、当座の運転資金にどれくらいの余裕があるかを知るための指標です。流動資産のなかでもとくに換金性の高い「当座資産」、つまり現金・預金、受取手形・売掛金、有価証券などの総額が、流動負債に対してどれくらいあるかをみるものです。当座資産を流動負債で割り、１

図表9●当座比率を求める計算式

$$当座比率 = \frac{当座資産}{流動負債} \times 100$$

００をかけることで求めるため、流動比率より厳しい内容となります（図表９）。

流動比率と同様、当座比率も数値が大きいほど安全性が高いと考えられます。１００％以上あれば理想的ですが、85％程度でも合格と言えるでしょう。

Ａ社の場合、流動資産４６３３万８０００円のうち当座資産は４２６６万５０００円となっています。したがって、当座比率は２３５・１％。流動比率と同様、こちらもすばらしい数値です。Ａ社の短期的な支払い能力はきわめて高いことになります。

しかしＢ社の場合は、かなり状況が変わりました。流動資産７９０７万３０００円の内容を詳しく調べたところ、資金化するのに想定以上の時間がかかりそうなものが多いため、当座資産は半分以下の３４９８万７０００円なのです。結果、当座比率は流動比率よりかなり低く、72・５％しかありません。Ｂ社の資金繰りが楽ではないことがわかります。

◆長期的な安全性を見るには「固定比率」と「固定長期適合率」

いわゆる「固定資産」には、土地や建物、機械設備などの「有形固定資産」と、のれんや特許権などの「無形固定資産」、そして長期有価証券や

図表10●長期的な安全性は固定資産から探る

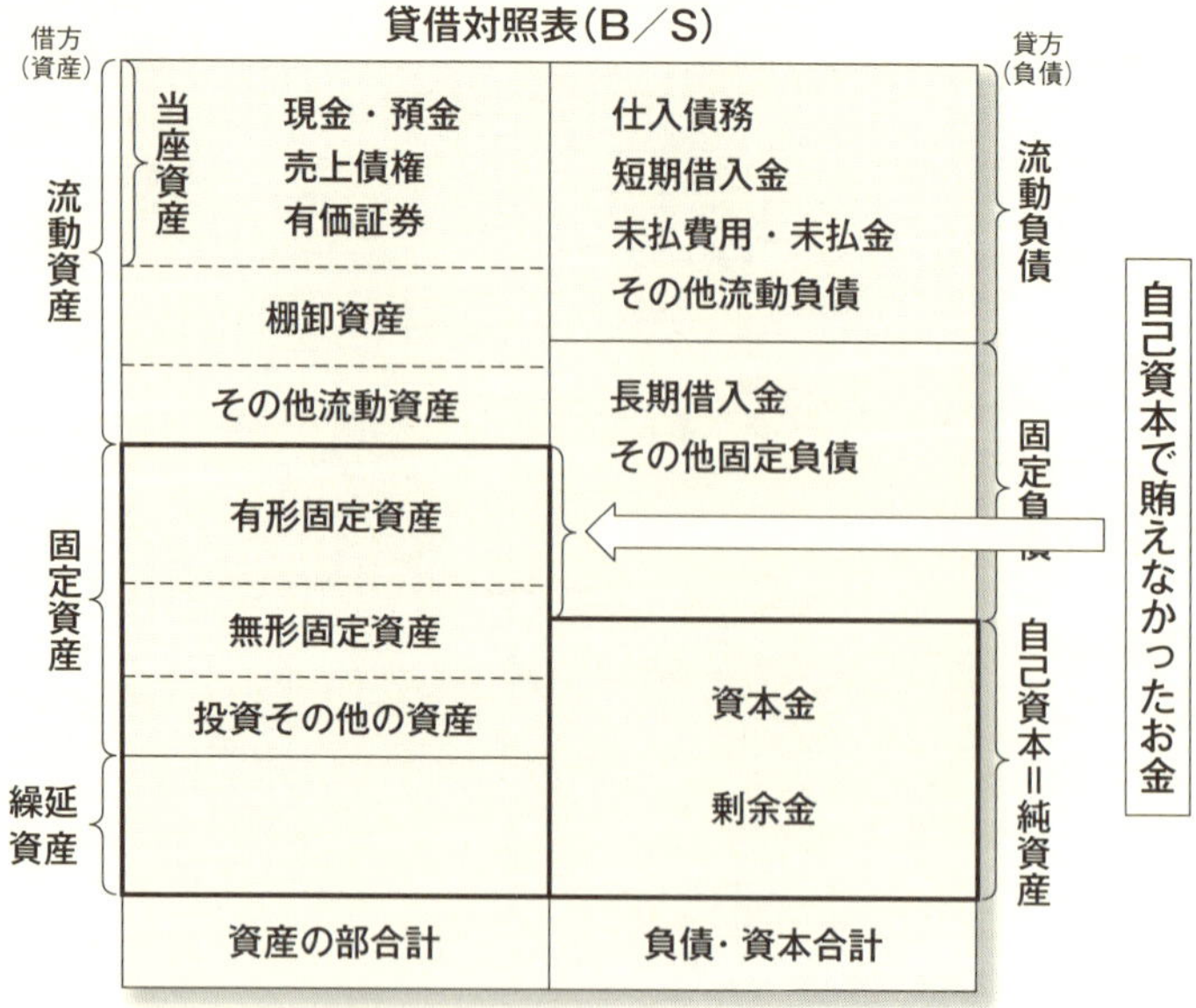

出資金などの「投資その他の資産」があります（図表10）。それらの固定資産は、本来、返済を必要としない自己資本で購入すべきものですが、現実にそれらが賄えているかどうかを見るための指標が、ここで説明する固定比率です。

「固定比率」は、固定資産と繰延資産の合計を自己資本で割り、100をかけることで求められます（図表11）。

「繰延資産」とは、株式交付費*や開発費、創立費など、すでに支払った費用であっても、その効果が長期間に及ぶため複数年に分けて費用に計上する資産のことで、固定資産に準ずるものと考えられます。ただし、換金性はありません。

流動比率や当座比率と異なり、固定

株式交付費
株式募集の際の広告費、金融機関の取扱手数料、変更登記の登録免許税など、株式の交付等のために直接支出した費用のこと。繰延資産に該当する株式交付費は、企業規模を拡大するために行なう資金調達などに関する費用に限られます。

図表11●固定比率を求める計算式

$$\text{固定比率} = \frac{\text{固定資産＋繰延資産}}{\text{自己資本}} \times 100$$

比率の数値は小さいほど安全性が高いことを示し、１００％以下であることが理想です。自己資本だけでは固定資産を賄えない場合の固定比率は１００％を越えてしまいます。その場合、借入などの他人資本を導入することになります。１００％を越えた数値が大きければ大きいほど、他人資本の導入（長期借入金）が膨らんできますから、無理な投資を行っていると考えるべきでしょう。これは資金繰りを悪化させる要因となります。

マイホーム購入に置き換えて考えてみましょう。たとえば、５０００万円の貯金をすべて使って５０００万円の家を現金で買ったとすれば、固定比率はちょうど１００％です。一方、自己資金４０００万円で、１０００万円のローンを組んだとすれば、固定比率は１２５％、自己資金３０００万円でローンが２０００万円なら１６７％、自己資金２０００万円でローンが３０００万円なら２５０％となります。

家計と会社の財務は違うとはいえ、２５０％などという数字が出たら不安になるかもしれません。しかし、たとえこのような数字が出ても、この数字だけで「危険」と判断するのは早すぎます。もう一つの指標である固定長期適合率も見てみましょう。

「固定長期適合率」は、固定資産を自己資本で賄えなかった場合、その資金をどのような方法で補塡したかを見るための指標です。固定比率では

図表12●固定長期適合率を求める計算式

$$\text{固定長期適合率} = \frac{\text{固定資産}+\text{繰延資産}}{\text{自己資本}+\text{固定負債}} \times 100$$

固定資産と繰延資産の合計を自己資本で割りましたが、固定長期適合率では分子は同じ固定資産と繰延資産の合計を、今度は自己資本と固定負債の合計で割ったものに１００をかけて求めます（図表12）。

「固定負債」とは短期間で返済する必要のない長期的な負債のことであり、銀行からの長期借入金やその他の固定負債が含まれます。この固定長期適合率が１００％以下なら適正範囲と考えられます。

先のマイホーム購入のケースで言えば、住宅ローンが固定負債にあたります。したがって、３０００万円の住宅ローンを組んで５０００万円のマイホームを買った場合は、自己資本とローンを合わせて５０００万円ですから、固定長期適合率はちょうど１００％。３０００万円の借入があっても、固定負債であれば心配する必要がないということです。

ただし、この数値が１００％を越える場合は要注意です。固定資産を購入するのに、長期借入金などの固定負債ではなく、短期資金などの流動負債で補っていることが考えられるからです。すぐにはお金に換えられない資産を、１年以内に返済しなければならない短期借入金で買ったわけですから、資金繰りの悪化を覚悟しなければなりません。そのような計画は見直す必要があります。状況によっては、遊休資産の売却も考えなければならないでしょう。

それでは、Ａ社とＢ社の貸借対照表をもとに、両社の固定比率と固定長期適合率を見てみましょう。

Ａ社の場合は、固定資産が６３７１万４０００円、自己資本（純資産）が７６８４万８０００円ですから、固定比率は82・９％。これは固定資産を自己資本で賄っていることになります。固定負債（長期借入金）の１５０５万５０００円を加えて固定長期適合率を計算した結果は69・３％。こちらも１００％を大きく下回っており、きわめて安全な状態です。なお、ここで取り上げたＡ社、Ｂ社とも繰延資産はありません。

一方のＢ社では、かなり厳しい数字が見えてきました。固定資産２億０３５２万５０００円に対して、自己資本はわずか６７８６万８０００円。固定比率はじつに２９９・８％に達しています。

固定長期適合率はどうかというと、固定負債が１億６６４８万円あるため86・８％となり、１００％を切っています。しかし、固定負債のほとんどが固定資産の購入資金に充てられている点は大いに問題です。さらに問題なのは、長期借入金の返済に毎年２３７０万円が必要なことです。経常利益が68万５０００円ではとうてい足りません。早急に収益性の改善を図る必要があります。

財務体質の健全性がわかる「自己資本比率」

安全性の最後の指標は、財務体質の健全性を見るための自己資本比率です。これは、安全

図表13●自己資本比率を求める計算式

$$\text{自己資本比率} = \frac{\text{自己資本}}{\text{総資本}} \times 100$$

性を分析するうえでもっとも重要な指標でもあります。

「自己資本比率」は、総資本に占める純資産、つまり自己資本の割合を表す指標です。自己資本を総資本で割り、100をかけることで求められます（図表13）。

自己資本比率は、数値が高いほど純資産が多く、負債が少ないことを示しています。家計で言えば、預貯金が多くて借金が少ない状態です。したがって、基本的には自己資本比率が高い会社ほど安全性が高く、財務体質も健全だと考えられます。

一般の基準として、40％以上なら「優」、20〜30％が「良」と考えてよいでしょう。20％未満の場合は、自己資本が不足しており、財務体質も健全な状態だとは言えません。

それでは、流動比率、固定比率ともにすばらしい数値を示したA社の自己資本比率を見てみましょう。

A社の貸借対照表を見ると、流動負債、固定負債、純資産（自己資本）などを合計した総資本が1億1005万2000円。そのうち純資産が7684万8000円。ざっとながめただけでも総資本の半分以上が自己資本であることはわかりますが、自己資本比率を計算してみるとじつに69・8％に達していました。40％でも「優」と認められる数値が約70％なのですから、Ａ社の財務体質は「超優良」と言えそうです。

多額の借入金のせいで資金繰りが苦しくなっているＢ社はどうでしょう。

流動負債、固定負債、純資産（自己資本）を合計した総資本は2億８２５９万８０００円。うち純資産が６７８６万８０００円。したがって自己資本比率は24・０％で、「良」の範囲内。さほど悪くないことがわかりました。

Ｂ社が抱える問題は、財務体質そのものではなく、資金の流動性がないこと。つまり、固定資産が多いためキャッシュフローが悪化していることです。問題点がわかれば、改善すべき課題も見えてきます。

Ｂ社の課題は、いかにして借入依存型の経営から脱却し、キャッシュフローを重視した経営に転換するかです。

まずは、無計画な買入や設備投資をやめ、借入を減らしていかなければなりません。そもそも総資本の増加率は売上高の増加率以下に抑えるべきですし、投資のための借入と支払利息は減価償却可能な範囲内にとどめなければならないものです。

同時に、現金・預金を増やして流動比率を高めるため、受取手形や売掛金を減らし、棚卸資産の現金化を図ります。とにかく、あらゆる方向から現状を見直して、使えるお金、回せるお金を増やしていく。そうして少しずつでも資金繰りを楽にしていくことがＢ社の経営改善のカギとなるでしょう。

しだいに見えてきたB社の希望とA社の意外な問題点

私は、Ｂ社の経営改善の突破口を探すため、社長夫人と一緒に、Ｂ社が行った過去数年間の投資や借入の内容を一つひとつチェックしてみました。その過程で、不可解な投資にともなう大型借入が2件見つかりました。

一つ目は、骨董品の壺と大量のウーロン茶の購入です。聞けば、創業社長である現会長が数年前に台湾を旅行した際、旧知の現地ビジネスマンから勧められ、１２００万円で購入したのだと言います。しかし、建設会社が壺やウーロン茶を仕入れても、簡単に販売できるはずはありません。実際、それらのほとんどは棚卸資産として倉庫に眠ったままでした。今後、売れる見込みのない不良在庫です。

もう一つは、Ｂ社の地元である有名避暑地の一角に造成された別荘地の管理営業権です。この権利を購入するために、Ｂ社は数年前に８０００万円の借入を行っていました。避暑地で営業する建設業にとって、別荘の管理営業権は悪い買い物ではありません。建物の修理や改築、管理、清掃をはじめとして、できることはいくらでもあります。少なくとも、壺やウーロン茶よりよほど可能性があるはずです。

問題は、８０００万円もかけて管理営業権を買ったにもかかわらず、十分に活用していないことでした。

プロパンガスの販売や建物の修理などの依頼があれば応じるものの、積極的に営業をかけたり、宣伝を行ったりはしていませんでした。つまり、８０００万円分の無形固定資産が、壺やウーロン茶と同様、倉庫に眠ったままになっており、合わせて1億円近い借入金の負担だけがのしかかっていたのです。

しかも借入金は、毎月きちんと返済できるだけの利益が上がらなかったため、不足分を追加して借り入れる連続で、総額1億８０００万円にまで膨れ上がっていました。1億数千万円も借りれば金利だけでも年間数百万円になるはずですが、当時のB社の営業利益は年に１０００万円程度。どう考えても、お金が回るはずはありません。キャッシュフローが滞るのは当然だったのです。

しかし、突破口は見つかりました。壺とウーロン茶の１２００万円はどうしようもありません。少しでも有利な条件で、できるだけ早く返済するしかないでしょう。ただし、別荘の管理営業権は違います。工夫しだいでは、着実な利益を生んでくれそうです。

B社の決算書を詳しく分析すればするほど、私にはB社の将来は明るいように思えてきました。

一方、財務体質超優良のA社には、何も改善すべき点はないのでしょうか。

「城は一夜にして建たず」という言葉がありますが、A社は創業以来22年、一度も赤字を出したことがない稀有な中小企業です。A社の社長や社長夫人は、「企業は絶対に赤字を出してはいけない」「企業が赤字を出すのは社会的な罪悪だ」という信念のもと、22年間にわたって堅実経営を続けてきました。

しかし、やはり経営上の課題がないわけではありません。財務体質が優良な企業に特有な落とし穴もあるのです。ここで何らかの手を打たなければ、いずれB社に逆転されるかもしれない……。そんな不安の芽は、次章以降の成長性や収益性を分析していくうえではっきり見えてくることになります。

5章

決算書を読む視点2

あなたの会社には どれくらい儲ける力があるか

会社経営の目的である「収益性」の分析と、
問題点を解決するための対策

企業経営の目的は「売上」ではなく「利益」を上げること

前年の数字と比べて変化があったら、かならず「なぜ？」を考える

４章でお話しした「安全性」の分析とくらべ、本章でお話しする「収益性」の分析は少々複雑でとっつきにくいかもしれません。しかし、ここががんばりどころです。会社の収益性を分析し、帳簿をつけているだけでは気づかない課題や問題点を発見して、社長に報告する。これが、社長夫人のとても重要な役割だからです。

ある会社で実際にあった話をご紹介しましょう。私が決算業務を引き受けていた会社です。

その会社では、経常利益が減り続け、ある年、ついに５００万円の赤字を出しました。経理の責任者だった社長夫人は、当然、赤字に転落した事実を知っていたはずです。ところが彼女は、自分では何の分析もせず、何の問題追求もしないまま、私の事務所に帳簿を送ってきました。添えられていた手紙には、いつもと変わらず「決算書類の作成をお願いします」と書かれていたのです。

私は驚きました。初めて赤字に陥ったというのに、なぜそんなに淡々としていられるので

しょう。なぜ、経常利益が減った原因を自ら追求しようとしないのでしょう。

調べてみると、原価が前年より５％も上がっています。これは大きな問題です。なぜ原価がそんなに増えたのか、社長夫人はその理由を確認したのでしょうか。

固定費も前年と比較して２００万円も増えていました。どうしてもっと厳しくコスト管理をしないのでしょう。自分は何も考えず、ただ帳簿をつけているだけ。問題があれば誰かが解決法まで教えてくれると思っていたのでしょうか。

彼女は、社長に対しても何も報告していませんでした。ですから社長は、５００万円の赤字が出たことすら知らなかったのです。もし私が社長夫人を叱責し、社長に報告させていなければ、社長は何の手を打つこともできなかったでしょう。

数字は、計算して記録するだけでは何の意味ももちません。帳簿も、毎日、数字を記録するだけでは意味がありません。内容を分析し、問題点を掘り起こし、改善に結びつけることができて初めて、経営に役立ったと言えるのです。

そのために行うのが経営分析です。安全性にせよ、収益性にせよ、数字が出たら、かならず前年と比較し、変化があれば「なぜ」を考えなければなりません。そして、見つけた答えを社長に報告し、経営判断の材料を提供する。それが社長夫人の役割なのです。

◆会社に「儲ける力」がどれだけあるかを分析する

会社の経営は、財務体質がよく、売上も順調であれば安心というものではありません。む

図表14●会社の「儲ける力」を示すのが損益計算書

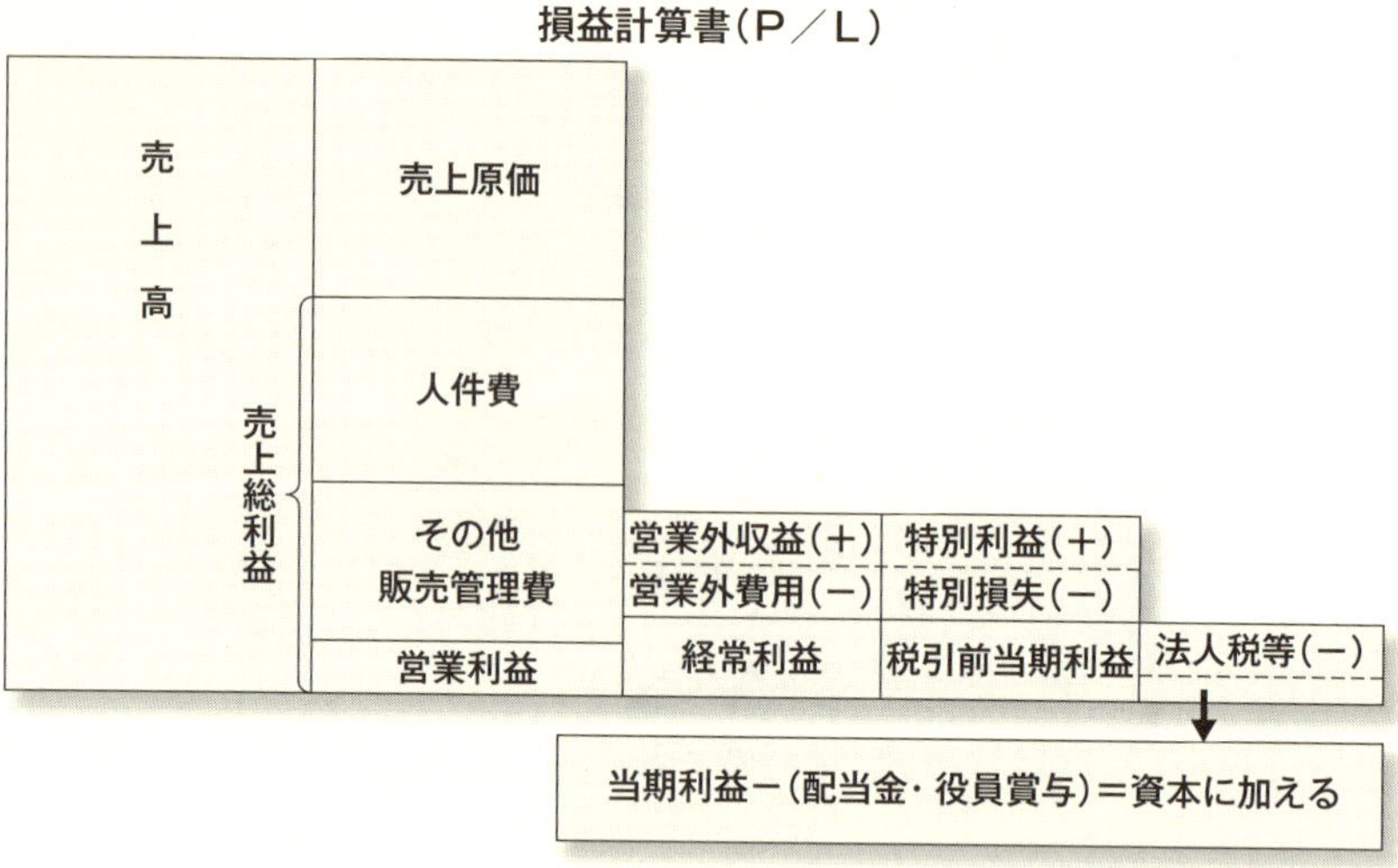

しろ財務体質が安定しているからこそ改善の努力や工夫を怠り、時流に乗り遅れてしまうことさえあります。また売上は伸びているにもかかわらず、肝心の利益が減っていることもあります。そんなことでは、一生懸命に営業しても無駄な努力になってしまいます。

企業経営の最大の目標は利潤の追求。つまり、「利益」を上げることです。この章でお話する**収益性の分析は、会社にどれくらい「儲ける力」があるかを見るため**に行います。

収益性を見る方法は、大きく三つに分けられます。

第一は、事業に投下したすべての資本と、それによって得られた利益の比率を見る方法。

第二は、売上と利益の比率を見る方法。

第三は、資本と売上の関係を見る方法です。

いずれの場合も、知りたいのは「儲ける力」です。会社にはどれくらい「儲ける力」があるかを示す決算書は損益計算書です。したがって収益性の分析では、おもに損益計算書を見ることになります（図表14）。

損益計算書は、総売上高を全体として、費用と利益がそれぞれどれくらい占めるかがわかる仕組みになっています。しかし費用にもいろいろあり、それに合わせて利益にもいろいろあるのです。つまり、ひとくちに「利益」と言っても、どの費用を差し引いたかによって利益の内容が違ってくるのです。少しややこしくなりますが、収益性を分析するための予備知識として、まずは五つの利益について知っておいてください。3章でも少し触れましたが、ここで詳細に見ていくことにしましょう（次ページ図表15）。

五つの利益は、売上高から売上原価や費用を順次、引いていくことで求められます。

①　売上総利益……売上高から売上原価を引いた利益。「売上原価」は、期首棚卸高*と当期仕入高の合計から、期末棚卸高を引いたもの。その会社が提供する商品やサービスの競争力を表すもので、「粗利益」とも呼ばれます。

②　営業利益……売上総利益から、人件費その他の販売管理費を引いた利益。その会社の本業での収益力を示す指標であり、営業活動の効率性が反映されます。

③　経常利益……営業外収益から営業外費用を引き、営業利益に足した利益。資金運営まで

期首棚卸高
会計年度の開始日にあった商品や製品の総額のこと。つまり、前期から繰り越された在庫高を意味します。この額に当期内に仕入れた額を足して、そこから期末棚卸高（期末在庫高）を引くと、当期の売上原価が計算されます。

図表15●五つの利益

(1) 売上総利益＝売上高－売上原価
(売上原価＝期首棚卸高＋当期仕入高－期末棚卸高)

(2) 営業利益＝売上総利益－(人件費＋その他販売管理費)

(3) 経常利益＝営業利益＋(営業外収益－営業外費用)

(4) 税引前当期利益＝経常利益＋(特別利益－特別損失)

(5) 当期(純)利益＝税引前当期利益－法人税等

(6) 株主配当金＋役員賞与を支払った場合
貸借対照表の資本に加える＝当期利益－(株主配当金＋役員賞与)

含めた経営全般の成果を表します。「営業外収益」には、受取利息、配当金、有価証券売却益などが含まれます。「営業外費用」には、支払利息、有価証券売却損、有価証券評価損、繰延資産償却費などが含まれます。

④

税引前当期利益……特別利益から特別損失を引き、経常利益に足した利益。課税の対象となるトータルな利益のことです。「特別損失」には、固定資産売却損、火災や事故による損失、過去の減価償却や引当金の修正などが含まれます。バブル崩壊直後には、不動産や有価証券の評価損、売却損、貸倒損失などが拡大したため、経常利益が黒字なのに税引前当期利益が赤字という会社が目立ちました。

⑤　当期純利益……税引前当期利益から法人税や住民税を引いた最終的な利益。通常、「当期利益」と言えば、この当期純利益を指しています。

そして、最後の当期純利益から株主配当金や役員賞与を引いたものが、内部留保として貸借対照表の資本に加えられていきます。

＊　＊

それでは、収益性分析展開図（次ページ図表16）の流れにしたがって、指標を一つずつ見ていくことにしましょう。

なお、これは他の経営指標にもいえることですが、実際に分析を行う際には「金額」ではなく、たとえば総資本や売上高に対する「率」で考えるのが原則です。先にお話ししたように、数字はかならず前年と比較する必要があり、そのためには率のほうが比べやすいからです。最初はその過程で少々めんどくさい思いもするかもしれませんが、計算自体はむずかしいものではありません。慣れてしまえば簡単です。

図表16●収益性分析展開図

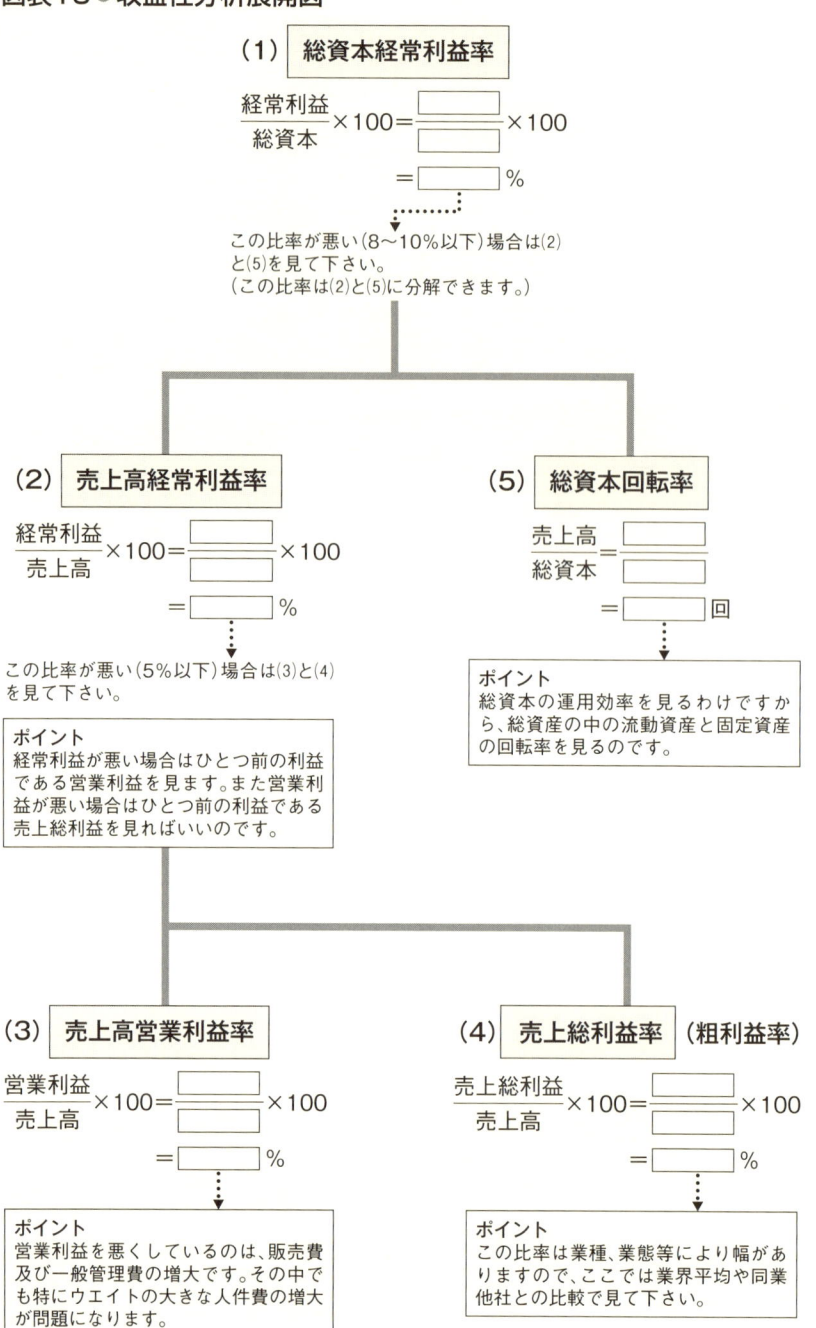

(1) 総資本経常利益率

$$\frac{経常利益}{総資本}\times 100=\frac{\square}{\square}\times 100$$

$$=\square\ \%$$

この比率が悪い(8～10%以下)場合は(2)と(5)を見て下さい。
(この比率は(2)と(5)に分解できます。)

(2) 売上高経常利益率

$$\frac{経常利益}{売上高}\times 100=\frac{\square}{\square}\times 100$$

$$=\square\ \%$$

この比率が悪い(5%以下)場合は(3)と(4)を見て下さい。

ポイント
経常利益が悪い場合はひとつ前の利益である営業利益を見ます。また営業利益が悪い場合はひとつ前の利益である売上総利益を見ればいいのです。

(5) 総資本回転率

$$\frac{売上高}{総資本}=\frac{\square}{\square}$$

$$=\square\ 回$$

ポイント
総資本の運用効率を見るわけですから、総資産の中の流動資産と固定資産の回転率を見るのです。

(3) 売上高営業利益率

$$\frac{営業利益}{売上高}\times 100=\frac{\square}{\square}\times 100$$

$$=\square\ \%$$

ポイント
営業利益を悪くしているのは、販売費及び一般管理費の増大です。その中でも特にウエイトの大きな人件費の増大が問題になります。

(4) 売上総利益率 (粗利益率)

$$\frac{売上総利益}{売上高}\times 100=\frac{\square}{\square}\times 100$$

$$=\square\ \%$$

ポイント
この比率は業種、業態等により幅がありますので、ここでは業界平均や同業他社との比較で見て下さい。

事例研究　収益性を分析する指標とその読み方①

——総資本経常利益率

◆投下資本がどれだけ利益を生み出したかを見る「総資本経常利益率」

「総資本経常利益率」は、投下した総資本に対して、どれだけの経常利益を生み出したかを表す指標であり、会社がどれほど効率的な経営を行っているかを示すものです。「総資本」とは、自己資本と他人資本を合わせたもの。つまり、あらゆる資本の合計であり、貸借対照表にある資産のすべてです。

今、ここに１０００万円のお金があるとします。その１０００万円を元手にして、できるだけ多くの利益を上げるにはどうすればよいでしょう。銀行に定期預金として預けるのがよいのか。それとも、リスクはあっても株や投資信託で運用するほうがよいのか……。

このような場合は１０００万円が総資本と考えられ、その１０００万円を1年間運用した場合の利回りが総資本経常利益率に当たります。

総資本経常利益率を求めるには、経常利益を総資本で割り、１００をかけます。一般には8～10％以上が必要だとされています（次ページ図表17）。銀行預金や株式、投資ファンド*などで運用した場合の利回りと比較するとわかりやすいでしょう。１０００万円の資本金で

投資ファンド
複数の投資家から集めた資金を、あるテーマに沿った投資先に投資し、そこから得られる配当や売却益などを分配する仕組み。投資対象には、公開株式、公社債、不良債権、未公開株式、不動産などがあります。

図表17●総資本経常利益率を求める計算式

$$\text{総資本経常利益率} = \frac{\text{経常利益}}{\text{総資本}} \times 100$$

ビジネスを始め、1年間で100万円の利益が出たとすれば、総資本経常利益率は10%ということになります。

もちろん、現実のビジネスはそれほど単純なものではありません。この数値は、当然ながら経常利益の額によって変わりますが、企業の資本構成によっても変わってきます。経常利益は、営業利益に営業外損益を加えたものですから、たとえば総資本の中に借入が多ければ、支払利息が発生するため利益が圧迫されることになります。逆に自己資本が充実している企業では借入金が少ないため、経常利益が利息の支払に圧迫されることがありません。

つまり、売上総利益や営業利益は同じでも、借入金が少ない会社のほうが総資本経常利益率は高く、借入金が多ければ数値は低くなります。借入金依存型の中小企業では、経常利益が営業利益を下回るケースも多いのです。

◆1億円投資したら、1億1000万円分の活動をしなければならない

資本金1000万円で誕生した会社が順調に成長し、5年後には自己資金が5000万円まで増えたとしましょう。そのままの経営を続けていれ

ば、当面は安全です。

しかし、企業はつねに成長をめざして前進しなければ、どこかの時点で衰退に向かってしまいます。そのため社長は、ここで1億円を投資して新たな設備の購入を決意するかもしれません。その場合、自己資金の５０００万円だけでは足りないため、銀行から長期契約で５０００万円借りることになります。

この瞬間から、この会社の資本構成は一変します。しかし、変わるのはそれだけではありません。社長の考え方も、経営方針も、社長夫人の仕事も大きく変わってくるのです。

まず、５０００万円の長期借入金が発生した時点で、キャッシュフローに重点を置いた経営に転換しなければなりません。５０００万円を返済していくには月々いくらの現金が必要で、そのためには年間どれくらいの利益を上げなければならないか。さらに、それだけの利益を確保するためには最低どれくらいの売上が必要かを計算します。そして、それらの数値にもとづいて5年程度の中期計画をたてるのです。

以前と同じような経営をして、同じ程度の利益に満足しているようでは、利息の支払にもすぐ行き詰ってしまうでしょう。総資本経常利益率10%以上を目指すためにも、１億円投資したのであれば、１億１０００万円分の営業活動をしなければいけません。それが、総資本経常利益の考え方です。

ところが実際には、具体的な返済計画を立てることなく、投資しっぱなし、借りっぱなし状態の中小企業が少なくありません。そういう会社は、「返済に困ったらまた借りる」のくり返しですから、借金が雪だるまのように膨らんで経営破綻してしまいます。

中小企業の経営者のなかには帳簿を見るのも、お金の計算をするのも苦手な人もいらっしゃいます。だからこそ社長夫人が社長に代わって決算書を読みこなし、社長にもわかりやすいデータとして示してあげなければなりません。

ときには、社長夫人が社長のスピードについていけなくなることがあるかもしれません。しかし、社長夫人がついていけないほど早急な投資には、お金もついていかないことが多いものです。危険だと感じたら「待った」をかけるのも社長夫人の役割でしょう。

◆売上規模が同じなのに、総資本経常利益率が天と地ほども違う理由

それでは、４章でも紹介したA社とB社を例にとって、総資本経常利益率を具体的に見てみましょう。

A社の22期の貸借対照表を見ると、総資本は1億１００５万２０００円。一方、損益計算書から経常利益が１０７２万３０００円であることがわかります（図表18）。したがって、総資本経常利益率は９・７％。「良好」の範囲内にあり、少ない資本で大きな利益を生み出しています。

最大の要因は、やはり創業以来22年間、1年も欠かさず利益を出し続けてきたことにあるでしょう。結果、借入に依存しない経営を実現できました。固定負債にある長期借入金１５０５万５０００円は社長の個人資産からの借入ですし、流動負債の１８１４万９０００円は

図表18● A社のB／SとP／L　(22期)

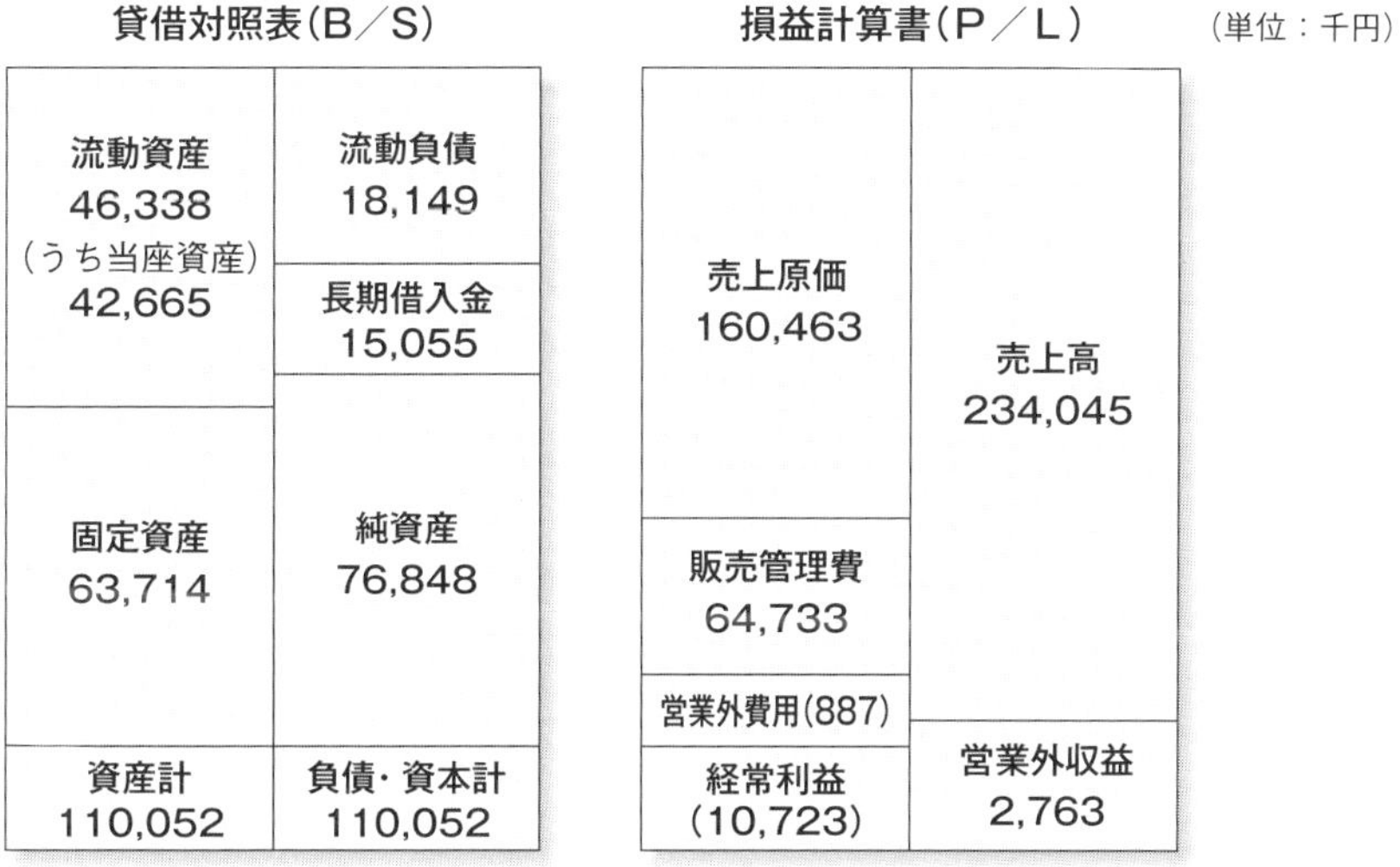

（単位：千円）

流動資産 46,338 （うち当座資産）42,665	流動負債 18,149
	長期借入金 15,055
固定資産 63,714	純資産 76,848
資産計 110,052	負債・資本計 110,052

売上原価 160,463	売上高 234,045
販売管理費 64,733	
営業外費用（887）	
経常利益（10,723）	営業外収益 2,763

総資本経常利益率　9.7%

買掛金などですから、実質的には無借金経営と言えるのです。

B社はどうでしょう。42期の貸借対照表から、総資本は2億8259万8000円。これに対し、経常利益はわずかに68万5000円。総資本経常利益率を計算してみると、0・2%という、きわめて低い数値になってしまいました（次ページ図表19）。

B社の売上高2億3915万1000円はA社の2億3404万5000円とほとんど同じですから、両社は売上の点では同じ規模にあると考えられます。にもかかわらず、なぜこれほどの開きが生じてしまったのでしょう。

総資本経常利益率を悪化させる要因は二つ考えられます。第一は、分子である経常利益が少ないこと。第二は、分母である総

図表19●Ｂ社のＢ／ＳとＰ／Ｌ　(42期)

(単位：千円)

貸借対照表(Ｂ／Ｓ)

資産	負債・純資産
流動資産 79,073 (うち当座資産) 34,987	流動負債 48,250
固定資産 203,525	固定負債 166,480
	純資産 67,868
資産計 282,598	負債・資本計 282,598

総資本経常利益率　0.2%

損益計算書(Ｐ／Ｌ)

費用・利益	収益
売上原価 194,514	売上高 239,151
販売管理費 34,064	
営業外費用 (13,211)	営業外収益 3,324
経常利益 (685)	

資本が大き過ぎることです。Ｂ社の場合、68万5000円という金額から見ても、経常利益が少な過ぎることはあきらかでした。

そこで、経常利益より一つ前の段階の利益である営業利益を見ると、1057万3000円。意外なことに、ここではＡ社の営業利益884万9000円を上回っています（下段計算式参照）。ところがＢ社の場合は、無計画な投資にともなう多額の借入利息や、無形固定資産である別荘管理の営業権償却費が負担となって、せっかく本業の建設部門で儲けた営業利益のほとんどを相殺しているのです。

しかし、原因がわかれば対策もたてやすいもの。4章でもちらりと見えた「突破口」が、よりはっきりとした形をとり始めました。借入金の返済利息と別荘の管理営

営業利益＝売上総利益－（人件費＋その他販売管理費）
売上総利益＝売上高－売上原価
Ｂ社の営業利益＝2億3915万1000円－（1億9451万4000円＋3406万4000円）
＝1057万3000円
Ａ社の営業利益＝2億3404万5000円－（1億6046万3000円＋6473万3000円）
＝884万9000円

業権。これを何とかすれば、Ｂ社の経営再建は可能なはずです。

まず借入金の返済については、少しでも有利な条件に変更してもらえるよう、詳細な財務データや経営改善計画を示しながら、粘り強く銀行と交渉しました。ここで生きたのが、社長夫人が毎日、けっして手を抜かずに作成してきた試算表や財務諸表です。その成果あって、Ｂ社は銀行の説得に成功。２年間の期限付きで、毎月の返済額を半分にしてもらえることになったのです。

ポイントとなったのは、経費のなかに製造原価の減価償却費が１１６万円、販売管理費の減価償却費が２５８万円、さらに、営業外費用のなかにも、別荘の管理営業権の償却費として５５１万円、貸倒損失96万円が計上されていることでした（下段内訳参照）。これらを合計した約１０２４万円は、書類上はたしかに費用や損失となりますが、キャッシュフローで見れば「ある」お金です。

つまりＢ社には、その約１０２４万円と経常利益の68万５０００円を合わせて、１０９２万円近くの留保がありました。だからこそ、銀行も再建可能と判断し、条件変更に応じてくれたのでしょう。

私たちは、この2年間が勝負だと考えました。2年の間に体制を整え、別荘の管理営業権を活かした事業を軌道に乗せることができれば、Ｂ社の経営を立て直すことができるはずです。

注）B社の経費の内訳より

製造原価（減価償却費）	116,8千円
販売管理費（　〃　）	258,7千円
営業外費用（営業権償却費）	551,7千円
貸倒損失	96,7千円
合計	1,023,9千円
＋経常利益	68,5千円
キャッシュ	1,092,4千円

過大化した総資本を減らす方法

総資本経常利益率は、分子の経常利益だけでなく、分母である総資本によっても変わります。総資本が過大な会社では、いくら経常利益があっても数値は低くなってしまいます。そのような場合には、総資本を減らす方法を考えなければなりません。

では、総資本を過大化させる要因にはどのようなものがあるでしょう。

総資本は貸借対照表にある資産のすべてですから、売掛金や棚卸資産も含まれます。したがって、売掛金の回収が滞っていたり、不良在庫を抱えていたりすると、総資本はどんどん膨らんでしまいます。

売掛金や棚卸資産を見るときは、４章の安全性の分析で学んだ心得を思い出してください。一つひとつの数字に向かって「あなたはお金になってくれるの？」と問いかけてみるのです。いざというとき換金できない資産や、無駄な投資、価値のない資産などが、いたずらに総資本を膨らませている可能性があります。

他に、役員に対する貸付金が長い間、残っているときや、設備投資はしたけれど、その設備が実際には稼働していない場合にも、総資本が過大になりがちです。

Ｂ社の場合、総資本経常利益率が低い要因の第一は経常利益が少なすぎることでしたが、総資本の点でも大いに問題がありました。

２億８２５９万８０００円という金額は、Ａ社の１億１００５万２０００円の２・５倍以

図表20●B社の総資本の内容のチェック

（1）流動資産の内容

① 現預金 7,868千円

② 売掛金 27,195千円（前期比較12,000千円増加）

③ 商品 22,150千円（そのうち滞留在庫12,131千円ある）

④ 仕掛品 13,533千円

⑤ 原材料 4,088千円（この中で不良在庫がないか再度チェック）

⑥ その他の流動資産4,184千円

（仮払金、未収入金などの滞留しているものはないか）

流動資産合計 79,073千円

（2）固定資産の内容

① 有形固定資産 162,897千円（うち土地90,773千円）

② 無形固定資産 20,234千円

（営業権80,000千円のうち未償却分19,759千円）

③ 投資等その他の資産 20,394千円

（投資有価証券11,000千円はゴルフの会員権）

固定資産合計 203,525千円

上に達しているのです。しかも、前章で見たとおり自己資本比率が24・0％しかありません。つまり、2億8000万円を超える投下資本のうち、返済や利息の支払いが不要な資金は24％に過ぎず、4分の3近くにあたる76％は借入金に依存しているのです。

本業でがんばって儲けた利益を大きく圧迫していたのも、それらの支払利息を含めた営業外費用でした。なにしろ、支払利息割引料*だけでも年に約700万円近くに達しているのです。総資本が過大化した借入依存型経営の典型と言えるでしょう。

総資本を減らすためには、総資本の中身を一度、洗い出してみることが先決です。B社の総資本の内容は別表のようになりました（図表20）。

支払利息割引料
金融機関等に支払う借入金の利息と、手形の割引料のこと。また、一定の支払期間を与えた売掛金その他債権について、相手方が支払期日前に代金を支払った場合、早く支払った期間に応じて値引きすることが行なわれますが、この値引額を割引料ともいいます。

流動資産では、「売掛金」が前期と比べて１２００万円も増加している点が気になります。確実に回収できるかどうかを調べる必要があるでしょう。次に「商品」の２２１５万円を精査した結果、滞留在庫（骨董品の壺）が１２１３万１０００円あることがわかりました。いずれ売れる見通しがあるのかどうか、こちらも早急に確認しなければなりません。

「原材料」の４０８万８０００円のなかにも不良在庫が含まれている可能性があります。さらに「その他の流動資産」として計上されている４１８万４０００円の内訳を調べ、仮払金や未収入金のなかに滞留しているものはないかをチェックします。そして、不良在庫や回収見込みのない資産は償却などの方法を考慮しなければなりません。

次に固定資産を見ると、土地などの有形固定資産が1億６２８９万７０００円、前章でも取り上げた別荘の管理営業権などの無形固定資産が２０２３万４０００円、そして投資その他の資産の２０３９万４０００円の中にはゴルフ会員権が１１００万円ありました。これらのうち遊休資産化しているゴルフ会員権などを売却すれば、それだけでも総資本を６０００万円程度削減することが可能です。

ただし、固定資産の削除は、資金になるものは早急に資金化したほうがよいのですが、損失になるものは、利益の減少につながるので考慮する必要があります。

事例研究　収益性を分析する指標とその読み方②

――売上高経常利益率／売上高営業利益率／売上総利益率

◆売上高に対する収益性を見る「売上高経常利益率」

収益性を見るための指標は、総資本経常利益率だけではありません。売上に対する利益率が悪いこともあります。「売上は上がっているのに、儲けが少ない」状態です。

「売上高のうち利益として残るのはどれくらいか」を見る指標としては、売上高経常利益率、売上高営業利益率、売上総利益率などがあります。それぞれ売上高に対する経常利益の割合、営業利益の割合、総利益の割合を示していますが、なかでも重要なのは売上高経常利益率です。経常利益を売上高で割り、１００をかけることで求められます（図表21）。

売上高に対する経常利益の比率ですから、前述した総資本経常利益率と同様、営業外収益がいちじるしく大きい企業では売上高経常利益率も大きくなりますし、多額の借入があって支払利息に利益が圧迫されている企業では低くなります。一般には５％以上が目標とされ、これより数値が低い

図表21●売上高経常利益率を求める計算式

$$\text{売上高経常利益率} = \frac{\text{経常利益}}{\text{売上高}} \times 100$$

図表22●売上高営業利益率を求める計算式

$$\text{売上高営業利益率} = \frac{\text{営業利益}}{\text{売上高}} \times 100$$

場合は「売上の割に儲けが少ない」と考えるべきでしょう。

さて、問題のＢ社ですが、42期の損益計算書を見ると、売上高が２億３９１５万１０００円、経常利益が68万５０００円ですから、売上高経常利益率は約０・28％。やはり、かなり低い数値となりました。

では次に、売上高営業利益率を見てみましょう。

営業利益は、売上総利益から人件費、販売費、管理費などの経費を差し引いたものです。これは日々の営業活動の成果ですから、本業の利益と考えることができます。「売上高営業利益率」は、その営業利益が売上高に占める割合を示す指標で、営業利益を売上高で割って１００をかけることで求められます（図表22）。

売上高営業利益率の平均的な数値は業種や業態によって違いますが、６％以上はほしいところです。６％以下の場合は、人件費、販売費、管理費などの販売経費をかけている割に儲けが少ないことを意味しています。

そこでふたたびＢ社の損益決算書を見ると、42期の売上高は２億３９１５万１０００円、営業利益は１０５７万３０００円ですから、約４・４％。目標の６％には達しませんが、さほど悪くはありません。

返済条件変更によって、今後２年間、借入金の負担が半減することを考えれば、十分に立て直せる下地はありそうです。

売上総利益＝売上高－売上原価
営業利益＝売上総利益－（人件費＋その他販売管理費）

ところで、この売上高営業利益率を計算してみたところ、意外な事実を発見しました。B社と比較して、安全性の指標でも、総資本経常利益率でもすばらしい数値を示してきたA社ですが、22期の売上高は２億３４０４万５０００円で、営業利益は８８４万９０００円。したがって、売上高営業利益率は約３・８％となり、B社に逆転を許しているのです。

いったいどうして、このようなことになったのでしょうか。

優良企業A社の意外な経営課題

おそらくその要因は、販売管理費にあるはずです。

売上高営業利益率が低い要因は二つあります。売上総利益率が低い場合と、販売管理費が多すぎる場合です。逆に言えば、売上総利益率を伸ばすか、販売管理費を抑えることができれば改善する可能性があるのです。

売上総利益率については後ほどお話しするので、ここでは販売管理費を減らす方法を考えてみますが、結論から言うと「無駄なお金を使わない」、つまり「節約する」ことに尽きるのです。

販売管理費には一般に人件費、販売費（戦略費）、管理費、設備費が含まれます（次ページ図表23）。日々の営業活動でお金を使うときには、その経費がどの項目に分類されるかなど、いちいち考えることはないかもしれません。そこで一度、販売費および一般管理費をすべて洗い出し、科目別、項目別に整理してみましょう。科目ごとの経費を比較したり、予算

図表23● 販売管理費の内訳

① 人件費
- 給与・役員報酬
- 賞与
- 法定福利費
- 福利厚生費

② 販売費（戦略費）＝攻めの経費
- 広告宣伝費
- 販売促進費
- 支払手数料
（紹介手数料・販売手数料など）
- 交際費
（成果につながる経費・種まき費用など）
- その他、直接成果につながる経費

③ 管理費＝守りの経費
- 事務消耗品費
- 備品消耗品費
- 通信費
- 租税公課
- その他社内管理に要する費用

④ 設備費
- 地代家賃
- リース料
- 修繕費
- 減価償却
- その他設備に関する費用

や前年の実績値と比較すれば、無駄な支出を発見しやすくなるはずです。

経費には大きく分けて「攻めの経費」と「守りの経費」があります。製造業で言えば研究費や開発費などは攻めの経費の代表ですが、販売費のなかでも広告宣伝費、販売促進費、交際費などもやはり攻めの経費です。私はこれらの経費を「種まき費用」と呼んでいます。大きな成果をもたらしてくれるかもしれない未来への投資なのです。したがって、多少の無理はしてでも確保すべきでしょう。無計画な投資や、投資しっぱなしの放漫経営は危険ですが、まったく投資をしない経営も危険です。

節約しなければならないのは、守りの経費です。管理費のなかの事務消耗

図表24● A社とB社の販管費とその割合

単位：千円

勘定科目		A社	売上対比	B社	売上対比
売　上　高		234,045	100%	239,151	100%
売上原価		160,463	68.6	194,514	81.3
売上総利益		73,582	31.4	44,637	18.7
販売・管理費	人件費	36,686	15.7	17,074	7.1
	販売費	3,417	1.4	931	0.4
	管理費	16,503	7.1	11,280	4.7
	設備費	8,127	3.4	4,779	2.0
合　　計		64,733	27.6	34,064	14.2
営業利益		8,849	3.8	10,572	4.4

品費、備品消耗品費、通信費その他、社内管理にかかる費用はできるだけ切り詰め、無駄を排除していかなければなりません。

さて、A社とB社の販売費および一般管理費の割合を見ると、たしかに内容も金額も大きく違っていました。両社の売上はほぼ同じですが、A社が販売管理費に６４７３万３０００円かけているのに対し、B社は３４０６万４０００円。人件費も、販売費も、管理費も、設備費も、A社のほうがはるかに多いことがわかりました。

一見、B社のほうが効率のよい経営をしているように見えますが、実際のところは、A社の販売管理費が多過ぎるといったほうがよいでしょう（図表24）。

たとえば人件費に注目してみると、B社が売上対比7・1%の1707万4000円なのに対し、A社では15・7%に当たる3668万6000円。人件費の比率が大きいということは、それだけ社員を大切にしている証拠と考えられます。また未来投資のための販売費も積極的に取り込んでいるといえます。しかし、財務体質が安定し、資金に余裕がある今だからこそできること。将来のことを考えれば、同じ販売管理費でも、攻めの経費に重点を移していく必要があるかもしれません。

経営課題の宝庫「売上総利益率」

売上総利益は、売上から売上原価だけを差し引いた利益です。五つの利益のなかでももっとも大きく、「粗利益」とも呼ばれます。

人件費も、販売管理費も、支払利息や借入金の返済も、売上総利益の範囲内で賄わなければなりません。逆に言えば、さまざまな用途に「使えるお金」ということでもあります。したがって売上総利益の場合は、利益率も大切ですが、利益額そのものも非常に重要となってきます。

「売上総利益率」は、その売上総利益を売上高で割り、100をかけた数値です（図表25）。この指標も業種業態によって異なりますので、自分の会社の数値が適正であるかどうかは業界平均や同業他社の数値と比較してみるとよいでしょう。

同じ業種でも直販店と代理店では違いますし、建設業などの場合には元請か下請かでも違

図表25●売上総利益率を求める計算式

$$売上総利益率 = \frac{売上総利益}{売上高} \times 100$$

ってきます。一般には、売上総利益率（額）が大きいほど資金に余裕があるわけですから、将来のための投資活動も積極的に行えます。

さて、Ａ社とＢ社は同じ製造業で、売上もほぼ同じですが、売上総利益率にはかなりの違いがありました。

Ａ社は売上高が２億３４０４万５０００円で、売上総利益が７３５８万２０００円ですから、31・４％。Ｂ社は、売上高が２億３９１５万１０００円で、売上総利益が４４６３万７０００円ですから、18・７％。やはりＡ社のほうがかなりよい数値を示しています。

粗利益の段階で10％以上も違うのは、両社が生産する付加価値に大きな違いがあることを示しています。粗利益は売上高全体に占める割合が大きいため、率で１～２％違うだけでも金額がかなり違ってくるのです。

「粗利益を１％アップすることの効果」については３章でもお話ししました。取り上げた事例のように財務状態が悪化していた食品関係の卸会社では、粗利益率を１％上げることで２０００万円もの利益を出すことに成功。半年で資金回復しました。

もちろん今の時代、商品の価格を１％上げるのは容易なことではありません。しかし、その１％をさらに細分化して、仕入単価や販売管理費などを少しずつ削減し、会社全体で１％の費用をカットするのは可能でしょう。社員全員のコスト意識が高まれば、粗利益率1～2%程度上げるのはけっしてむずかしいことではないのです。

B社の場合も、もう一度、原点に戻って、売上原価を構成する材料費、外注費、労務費、その他の製造経費などの項目を一つひとつチェックし、無駄はないか、適正な付加価値を生み出しているかを確認していく必要がありそうです。まだまだ内部にも利益の取りこぼしがあるはずです。

私はよく会社経営をパイプの煙にたとえます。吸い口が今期の決算書。そして、もくもくと煙の出る状態が来期の決算書、つまり1年間の経営活動の成果です。煙が上がらないのはどこかで詰まっている証拠ですから、パイプの中を点検しなければなりません。

経営がうまくいかないときは、パイプの中を点検してみましょう。経営者の理念と方針、そして意思決定は明確か／理念や方針を共有するナンバー2や幹部社員は育っているか／営業社員を含め、現場の社員の育成と意識改革に取り組んでいるか／生産性の向上をめざした職場環境が整っているか／社員の努力が認められる、働き甲斐のある評価制度があるか／業績管理の仕組みは整っているか／経営判断に役立つ資料づくりができているか…。

以上の条件が満たされていれば、かならず業績は好転するはずです。

事例研究　収益性を分析する指標とその読み方③

——総資本回転率

◆資本が有効活用されているかどうかを見る「総資本回転率」

収益性の指標として、最後にもう一つ、紹介しておかなければならない指標があります。総資本回転率です。

「総資本回転率」は、事業活動に投入した総資本がどこまで有効に活用されているかを見る指標であり、「1年間の売上で、総資本を何回転分、回収できたか」を示しています。総資本は自己資本だけでなく、負債も含めてその事業に投資したすべての資金のことです。したがって、「その事業に注ぎ込んだ全資金の何倍の売上を得られたか」を示していると考えてもよいでしょう。

総資本回転率は、売上高を総資本で割ることで求められ、通常1・6回転以上が望ましいとされています（次ページ図表26）。

この章では、収益性の指標として、総資本経常利益率、売上高経常利益率、売上高営業利益率、売上総利益率についてお話ししてきました。なかでも重要なものが総資本経常利益率です。その総資本経常利益率が低い場合、考えられる要因は、売上高経常利益率が低いか、

図表26●総資本回転率を求める計算式

$$\text{総資本回転率} = \frac{\text{売上高}}{\text{総資本}} = \quad \text{回}$$

この総資本回転率が悪いかのどちらかです。

したがって、企業が収益力を高めようとするときは、売上高経常利益率アップを重視して利幅の拡大をめざすか、それとも総資本回転率アップを優先して売上を伸ばすのか、自社にとってどちらの戦略が有効かを見極めることが必要です。

すでに述べたように、売上高経常利益率が低いのは、「売上の割に儲けが少ない」ことを意味しています。一方、総資本回転率が低いときは、「過大な投資が経営に活かされていない」と考えなければなりません。

ふたたびA社とB社のケースで考えてみましょう。総資本経常利益率は一般に8〜10％が必要とされますが、A社が9・7％、B社は0・2％でした。A社は良好の範囲内にありますが、B社の数値は非常に厳しい状況を示しています。

その要因を探るために売上高経常利益率を調べてみると、A社は4・5％、B社は0・28％でした。通常5％以上は必要と考えられていますから、B社はここでもきわめて厳しい状況にあることがわかります。

最後に、総資本回転率を比較してみます。A社の売上高は2億3404万5000円で、総資本が1億1005万2000円ですから、総資本回転率は2・1回。つまり、1年間に投下した総資本の2倍以上の売上を達

図表27● A社とB社の総資本回転率の違い

単位：千円

	A社（22期）	B社（42期）
売上高	234,045	239,151
総資本	110,052	282,598
総資本回転率	2.1回	0.8回

成したことになります。

一方、B社は、売上高が2億3915万1000円で総資本が2億8259万8000円。総資本回転率は0・8回で、1回転にも満たない結果が出てしまいました。

B社はA社の2・5倍以上の投資をしながら、A社とほぼ同じ売上しか達成できていません。効率が悪いことは明らかです（図表27）。

◆売上高経常利益率と総資本回転率が収益性の両輪

ここでもう一度、総資本経常利益率と、売上高経常利益率、総資本回転率の関係を見てみましょう（112ページ、図表16参照）。

総資本経常利益率は、総資本に対する経常利益の比率を示すものです。また売上高経常利益率は、売上高に対する経常利益の比率を示すものです。そして、総資本回転率は、売上が総資本の何倍かを示すものです。

これらの計算式から、売上高経常利益率と総資本回転率をかけたものが総資本経常利益率であることがわかります。総資本

図表28●総資本回転率と売上高経常利益率は収益性アップの両輪

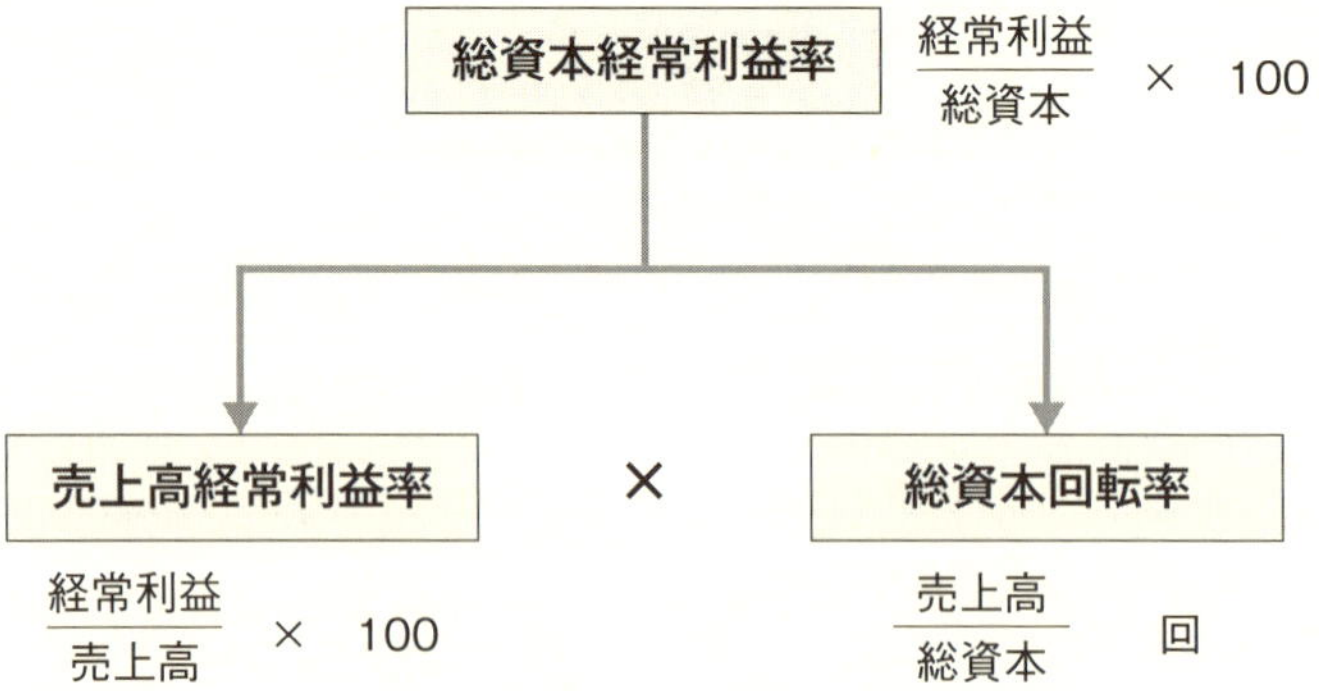

回転率と売上高経常利益率は、収益性を上げるための両輪なのです（図表28）。

これまでA社とB社の収益性の比較をしてきましたが、A社の収益性は良しとして、B社の収益性に問題があることはおわかりでしょう。

B社全体の売上は、約2億3915万円です。売上を細分化すると、建築部門と燃料部門と別荘管理部門があります。各部門の売上の割合は、建築部門が80％、燃料部門が15％、別荘管理部門が5％となっています。また、それぞれの部門の売上総利益率は、建築部門は13％、燃料部門が27％、別荘管理部門が85％でした（図表29）。

私が着目したのは、別荘管理部門の「売上総利益率85％」です。

すでにお話ししたように、B社では別荘管理の管理営業権に8000万円も投資していながら、いまだに回収の努力をしていないわけですが、売上総利益率85％は魅力です。売上は低くても、利益率が高いということで

図表29 ● B社の部門別売上高の内訳

部門名	部門別売上高（千円）	比率（%）	売上総利益率（%）	売上総利益（千円）
建築部門	191,000	79.9	13.0	24,830
燃料部門	35,800	15.0	27.6	9,666
別荘管理部門	11,900	5.0	85.0	10,115
その他	450	0.1	5.5	25
合　計	239,150	100	18.7	44,636

す。

売上ばかりにこだわっていると見えませんが、利益を重視すると突破口が見えてくることがあるのです。

現在、B社が管理している別荘の世帯数は約８００戸。B社はすでにそれらの別荘に燃料（プロパンガス、軽油、薪など）を納めています。B社のある地域は避暑地と言われるだけあって、冬の間はとても寒く、別荘のオーナーたちはみんな自宅に帰ってしまうため、水出しや水抜き、営繕、清掃、巡回サービスなど、留守中の管理もあります。いずれもほとんど材料代がかからず、コストは人件費だけという粗利益の大きい仕事です。それらの業務をパッケージにして積極的に営業を行い、年間契約を増やせば、願ってもない安定収入になるのではないでしょうか。

業務をさらに広げれば、別荘管理の売上にとどまらず、建築部門のリフォームや新築の注文に結びつく可能性もあります。この分野に本格的に取り組めば、B社の収益性は大きく改善されるに違いありません。

6章

決算書を読む視点3

あなたの会社は
バランスよく成長しているか

収益性とともに会社経営の柱となる「成長性」の分析と、
衰退を防ぐための対策

2
3
4
5
6
7
8
9
10
11
12

たとえ財務体質がよくても成長しているとは限らない!?

◆企業は「体格面」でも「体質面」でも健康でなければならない

「永続企業体」という言葉があります。人間の命には限りがあるけれど、企業の命は永遠であるという意味です。実際、１００年、２００年も継続している企業は数多く存在します。一方で、「会社の寿命は30年」とも言われます。この一見矛盾したテーマに、私たちはどう対応していけばよいのでしょうか。

私はこう考えます。これらの言葉の意味するところは一つ。「企業は成長し続けなければいけない」――ではないでしょうか。成長し続ける会社は、永遠に存続することができるのかもしれません。しかし、途中で成長を止めてしまった会社は、どんな優良企業でも、いずれ衰退を始めます。そして30年もたてば消えてなくなってしまうのかもしれません。

いずれにしても、長生きするために不可欠なのは健康です。企業も人間も、病弱では厳しい時代を生き抜くことができません。

人間には、身体は大きくてがっしりしているけれど、冬になると風邪をひきやすいとか、暑いとすぐ夏バテしてしまう人がいます。体格は立派でも、体質的に弱いのでしょう。逆に、身体は小さいけれど、丈夫で風邪ひとつひかないという人もいます。体格的には少々見劣りしても、体質的に強いのです。

このような特徴は、企業体にもそのままあてはまります。企業の場合、たとえば、売上が「体格」、利益が「体質」です。売上は大きいけれど利益が小さい会社もあれば、売上はさほど大きくないけれど利益率のよい会社もあります。

企業が長生きするためには、体格面と体質面の両方で、バランスのとれた成長を実現することが必要です。そして、あなたの会社が**「バランスよく成長しているか」を教えてくれるのが、本章で紹介する成長性の分析**です。

安全性の分析で財務体質がよいと判断されても、あるいは収益性の分析によって十分な儲けがあるとわかったとしても、その会社が順調に成長しているかどうかはわかりません。「永続企業体」としてこれからも会社が存続していけるか判断するためにも、安全性、収益性に次いで、かならず成長性の分析を行わなければなりません。

収益性と成長性は、企業が発展するための推進力であり、クルマの両輪のような関係にあります。収益性と成長性がともに良好なら、その会社はきわめて健康で、財務面でも安定しているはずです。逆に、もし安全性に問題があるようなら、収益性か成長性のどちらかに課題を抱えているものです。

成長性の分析では、体格面の指標として従業員数、総資本、売上高の変化を、体質面の指標として利益増加率や自己資本増加率の変化などを見ます。ただし、1~2年間のデータだ

図表30●体格面の成長性を判断する指標

$$①人員増加率 = \frac{今期人員数}{前期人員数} \times 100$$

$$②総資本増加率 = \frac{今期総資本}{前期総資本} \times 100$$

$$③売上高成長率 = \frac{今期売上高}{前期売上高} \times 100$$

けを見て前年比較しても意味がありません。どの指標でも、原則として3～5年の変化を見るようにしてください。

◆「体格面＝売上」と「体質面＝利益」、それぞれの成長を見る指標

体格面の成長性を分析するためには、①人員（従業員数）の増加率、②総資本の増加率、③売上高の成長率を見ます。それぞれの計算式は次のとおりです（図表30）。

①の人員増加率は、今期人員数を前期人員数で割り、100をかけたもの

②の総資本増加率は、今期総資本を前期総資本で割り、100をかけたもの

③の売上高成長率は、今期売上高を前期売上高で割り、100をかけたもの

ただし、この計算式では人員も総資本も売上高も、前年と比べてどれだけ増えたか減ったかがわかるだけです。前年対比だけでは近視眼的な分析になってしまいま

図表31●過去3年間の売上高成長率を導くための計算式

$$\text{前々期売上高成長率} = \frac{\text{前々期（2年前）売上高}}{\text{3年前売上高（基準年度）}} \times 100$$

$$\text{前期売上高成長率} = \frac{\text{前期売上高}}{\text{3年前売上高（基準年度）}} \times 100$$

$$\text{今期売上高成長率} = \frac{\text{今期売上高}}{\text{3年前売上高（基準年度）}} \times 100$$

すから、合わせて長期的な成長率も見ることにしましょう。過去3〜5年間の比較を行えば、会社の実態がより正確に見えてきます。

３年間で比較するときは、３年前を基準年度とし、その数値を１００とした場合の成長率を計算します。

たとえば、過去３年間の売上高成長率の推移を見るためには、３年前を基準年度として三つの計算を行うことになります（図表31）。

まず、前々期（２年前）の売上高成長率を求めます（前々期売上高を３年前の売上高で割り、１００をかけたもの）。次に、前期（１年前）の売上高成長率を求めます（前期売上高を３年前の売上高で割り、１００をかけたもの）。最後に、今期の売上高成長率を求めます（今期売上高を３年前の売上高で割り、１００をかけたもの）。

その結果、得られた三つの数値を比較すれば、過去３年間の売上高成長率の変遷がわかります。

同じようにして、３年間の人員増加率と総資本増加率

図表32●会社が体格面で成長するための法則

人員増加率　≦　総資本増加率　＜　売上高成長率

も求めます。そして最終的に、３年間の人員増加率と、総資本増加率と、売上高成長率を比較してください。

会社が体格面で順調に成長するためには、一定の法則があります。

第一に、人員の増加率が総資本増加率より大きくてはいけません。

第二に、総資本増加率は売上高成長率より小さくなければいけません。

この関係を数式で示すと、上記のようになります（図表32）。

つまり、売上高が伸びる以上のペースで、社員を増やしたり、投資を行ったりしてはいけないということなのです。もし売上高が伸びる以上に社員が増えたり、投資を行っているのであれば、どこかで無理が生じているということです。

逆に売上高の成長率が人員や総資本の増加率を上回っているということは、少ない人員と少ない資本で大きな売上を達成したということ。効率のよい経営が行われているわけですから、収益性も成長性も伸びていくことは間違いありません。

＊　＊

一方、体質面での成長性を分析するためには、④売上総利益（粗利益）の増加率、⑤付加価値の増加率、⑥営業利益の増加率、⑦経常利益の増加率、⑧自己資本の増加率を見ます。

付加価値の算出方法

中小企業庁方式

付加価値＝売上高－外部購入価値

（外部購入価値：材料費、運送費、外注加工費など）

日銀方式

付加価値＝経常利益＋人件費＋賃貸料＋減価償却費＋金融費用＋租税公課

（日銀方式は、付加価値は製造過程で積み上げられるという考え方にもとづく）

図表33●体質面の成長性を判断する指標

$$④売上総利益増加率 = \frac{今期売上総利益}{前期売上総利益} \times 100$$

$$⑤付加価値増加率 = \frac{今期付加価値}{前期付加価値} \times 100$$

$$⑥営業利益増加率 = \frac{今期営業利益}{前期営業利益} \times 100$$

$$⑦経常利益増加率 = \frac{前期経常利益}{今期経常利益} \times 100$$

$$⑧自己資本増加率 = \frac{今期自己資本}{前期自己資本} \times 100$$

基本となる前年対比の計算式は上記のとおりです（図表33）。これらの計算式も、分母を3～5年前の基準年度に換えることで、3～5年間にわたる成長性を見るための計算式として応用することができます。

ちなみに⑤の「付加価値」は、厳密には製造業で「加工高」として使う言葉ですが、商業サービス業では「売上総利益」とほぼ同じものと考えて差し支えはありません。

⑧の「自己資本」は純資産ともいい、当期利益のなかの内部留保の増加を見ます。「内部留保」は、いわゆる「剰余金」のことで、当期利益から配当金*や役員賞与*などを引いたものです。増資*があれば、そのぶん自己資本は増えますが、営業活動によって増えたものではないの

配当金
会社が利益をあげた場合に、出資者に対して利益の一部を還元するのが配当です。配当は、おもに現金で行なわれる場合と、株式や現物による場合があります。現金で行なわれるのが配当金です。

役員賞与
会社の役員（取締役や監査役など）に臨時的に支払われる給与のこと。会社法や会計では、原則として役員賞与を費用として処理します。しかし税務では、役員賞与は損金にできません。ここでの「役員賞与」は、利益を内部留保と株主と経営者（役員）の三者で分配する、かつての利益処分の意味で使われています。

図表34●会社が体質面でバランスよく成長するための条件

売上高成長率＜売上総利益増加率≦付加価値増加率
＜営業利益増加率≦経常利益増加率＜自己資本増加率

で、これを外したほうが、実質の増加を見ることができます。

会社が体質面でバランスよく順調に成長するための条件は、売上高成長率より売上総利益増加率や付加価値増加率が上回ること。また売上総利益増加率や付加価値増加率より営業利益増加率が上回り、営業利益増加率より経常利益増加率が上回り、そして経常利益増加率より自己資本増加率が上回ることが理想的な成長といえます（図表34）。

増資
会社が新しく株を発行して資本金を増やすこと。増資で得た資金は「自己資金」であり、会社自身のお金になりますので、その資金は返す必要はありません。その分、出資者の持ち物になります。

事例研究　成長性を分析する指標とその読み方

◆業績好転を予感させるB社の状況

これまで述べた成長性の原則を念頭に置いたうえで、具体的な事例をもとに成長性を分析してみましょう。まず、安全性、収益性ともに問題の多かったB社の場合、成長性に関してはどんな結果が出るのでしょうか。

39期を基準年度として、42期までの４年間の趨勢をもとに分析します。私自身が経営分析のお手伝いをするようになったのは、２年目の40期からでした（次ページ図表35）。

まず体格面について見ると、以下のような結果となりました。

① 人員増加率は１００・０％で変化なし
② 総資本増加率は年々下がっており、42期には86・９％まで低下
③ 売上高成長率には波があり、41期には１０９・５％まで伸びたが、42期にはふたたび１０２・９％に低下

つまり、この４年間、人員の増加はありませんでしたが、売上高は39期と比べてわずかながら増加しています。

図表35● B社の4期間の趨勢

項目		期	39期（基準年度）	40期	41期	42期
体格	人員増加率	実数	13名	13名	13名	13名
		趨勢	100.0%	100.0%	100.0%	100.0%
	総資本増加率	実数	325,153	319,328	290,928	282,598
		趨勢	100.0%	98.2%	89.5%	86.9%
	売上高成長率	実数	232,363	237,141	254,486	239,151
		趨勢	100.0%	102.1%	109.5%	102.9%
体質	売上総利益増加率	実数	51,317	61,375	49,247	44,637
		趨勢	100.0%	119.6%	96.0%	87.0%
	営業利益増加率	実数	13,055	22,093	13,191	10,573
		趨勢	100.0%	169.2%	101.0%	81.0%
	経常利益増加率	実数	1,296	6,034	692	685
		趨勢	100.0%	465.6%	53.4%	52.8%
	自己資本増加率	実数	61,009	66,817	67,363	67,868
		趨勢	100.0%	109.5%	110.4%	111.2%

41期は急激な売上高の伸びを示していますが、何らかの特殊な要因による一時的な伸びだったと考えられます。このような一時的な急増や急減はよくあることで、だからこそ3年以上の期間で比較することが必要なのです。前年対比だけでは、一時的な増減にまどわされ、正しい分析ができない可能性があります。

特筆すべきは、総資本が着実に減少していることです。8000万円で購入した別荘の管理営業権を4年間にわたって償却してきたためですが、おかげで総資本がスリムになりました。

そのぶん総資本増加率が人員増加率を下回ってしまいましたが、これまで肥大化していたことを考えれば、体格面のバランスはむしろよくなっていると言えるでしょう。

一方、体質面では以下のような数値となりました。

④ 売上総利益増加率は、40期に119・6%まで伸びたものの、41期は96・0%、42期は87・0%と低下

⑤ 営業利益増加率も、40期に169・2%と急激に伸び、その後、101・0%、81・0%と低下

⑥ 経常利益増加率も、やはり40期に465・6%という極端な伸びを示したが、その後は53・4%、52・8%と急激に低下

⑦ 自己資本増加率は毎年少しずつ伸び、42期には111・2%まで上昇

売上総利益増加率、営業利益増加率、経常利益増加率ともに、40期に大きな伸びを示していますが、これは新築の受注があったためで、一時的な増加に過ぎません。この40期を別にすれば、一見してわかるとおり、売上総利益増加率、営業利益増加率、経常利益増加率ともに低下しています。

とくに営業利益増加率は、ふつうは販売管理費が減少すれば好転するものです。ところがB社では、39期に3826万2000円だった販売管理費が42期には3406万4000円まで減少した（図表35より。計算式は下段参照）にもかかわらず、営業利益増加率が81・0%まで低下しています。

さらに、経常利益増加率にいたっては、営業外費用の支払利息や営業権償却が減少しているにもかかわらず、52・8%と半分近くまで落ち込んでしまいました。

販売管理費の求め方（人件費なども含む）

営業利益＝売上総利益－（人件費＋その他販売管理費）

販売管理費＝売上総利益－営業利益

要因の一つが、この4年間で売上総利益率が22％から18・7％に低下したことにある（5章および下段参照）のはあきらかでしょう。売上総利益が低下した理由は建築部門の原価管理の甘さにありました。売上総利益は、営業活動における原資であり、その増減に会社経営がどれほど大きな影響を受けるかがおわかりいただけると思います。

結果的に、体質面でのバランスはかなりいびつなものとなりました。ただし、総資本や営業外費用の減少によって、確実に改善の兆しは見え始めています。むしろ、業績が好転し始める直前の状況と言えるかもしれません。

◆安全性「超優良」のA社も成長性に問題あり

続いてA社の成長性を見てみましょう。19期を基準年度として、22期までの4年間の趨勢で分析します。私が経営改善のお手伝いをするようになったのは、21期からです（図表36）。

B社の場合と同様、体格面から見ていきます。

① 人員増加率は、22期に1人減ったため、96・0％に低下

② 総資本増加率は、21期に84・7％まで低下し、22期も86・6％

③ 売上高成長率は、20期に131・2％に上昇したが、21期には100・2％と低下し、22期は116・7％

まず目につくのは、20期に売上高成長率が大きく伸びたことです。しかし、19期と21期の数値がほぼ同じことから見ても、これは特別な要因による一時的な現象でしょう。ほんとう

売上総利益（粗利益）＝売上－売上原価

$$売上総利益率 = \frac{売上総利益}{売上高} \times 100$$

B社の39期

$$\frac{51,317}{232,363} \times 100 = 22\%$$

B社の42期

$$\frac{44,637}{239,151} \times 100 = 18.7\%$$

図表36 ● A社の４期間の趨勢

項目		期	19期（基準年度）	20期	21期	22期
体格	人員増加率	実数	25名	25名	25名	24名
		趨勢	100.0%	100.0%	100.0%	96.0%
	総資本増加率	実数	127,022	127,053	107,648	110,052
		趨勢	100.0%	100.0%	84.7%	86.6%
	売上高成長率	実数	200,579	263,188	200,986	234,045
		趨勢	100.0%	131.2%	100.2%	116.7%
体質	売上総利益増加率	実数	59,086	78,908	61,809	73,581
		趨勢	100.0%	133.5%	104.6%	124.5%
	営業利益増加率	実数	213	16,423	855	8,849
		趨勢	100.0%	7,710%	401.4%	4,154%
	経常利益増加率	実数	7,187	17,864	5,322	10,723
		趨勢	100.0%	248.6%	74.0%	149.2%
	自己資本増加率	実数	57,688	67,328	78,289	76,848
		趨勢	100.0%	116.7%	135.7%	133.2%

の意味で成長路線に入ったと言えるのは、22期に１１６・７％を達成してからです。

また、21期に総資本増加率が低下したのは減価償却による固定資産の減少と売掛金の減少で資金調達することができ、それに加え19期から21期にかけて約１６００万円の剰余金の増加によって他人資本である買掛金・長期借入金（代表者借入金）の返済ができたために総資本の減少が可能となったからです。その結果、総資本増加率が人員増加率より低くなってはいますが、キャッシュフロー全体としてのバランスは非常に改善されました。

次に体質面を見てみます。

④ 売上総利益増加率も、20期に１３３・５％まで大きく上昇した後、21

期に１０４・６％に低下し、22期に１２４・５％とふたたび上昇

⑤ 営業利益増加率は、20期に７７１０％と極端な上昇。21期に４０１・４％まで低下したものの、22期にはふたたび４１５４％まで上昇

⑥ 経常利益増加率は、20期に２４８・６％まで上昇した後、21期には74・０％に低下。22期にふたたび１４９・２％まで上昇

⑦ 自己資本増加率は、22期までほぼ順調に１３３・２％まで上昇

やはり20期に極端な変化があるものの、これを一時的な現象と見れば、売上総利益増加率、営業利益増加率、経常利益増加率、そして自己資本増加率のいずれも伸びています。売上だけでなく「儲ける力」も順調に伸びていることがわかります。

それぞれの成長バランスを見ると、営業利益増加率より経常利益増加率が低くなっています。これは、基準年度である19期の営業利益が21万３０００円と極端に低いのに対して、経常利益の金額が７１８万７０００円と高かったためです。経常利益が高かった原因は、保険などを解約することで７１９万７０００円の営業外収益があったためです。

◆企業の成長を阻害するもの

企業の成長のプロセスには、一定のパターンがあると言われます。

創業して５年から10年は、「売上を上げ、利益を出す」という利益体質の基盤をつくる期間であり、企業は体格的にも体質的にもゆるやかなカーブを描いて成長します。この期間を

創業期といいます。この間に基盤ができれば、その後の10年間は成長期に入り、カーブが急上昇するようにどんどん成長します。しかし、やがては安定期に入り、成長のカーブも横ばいとなり、やがて衰退期を迎えます。

「会社の寿命は30年」と言われるのは、その間、何の営業努力もしなければ、どんな会社も30年で衰退期に入ることを意味しているのでしょう。

ところで、衰退期を迎えた企業には、いくつかの共通点があります。

第一は、経営者の理念の行き詰まりです。たとえば、会社を立ち上げた頃、社長が抱いていたビジョンや目的、社会的使命などが曖昧になってきます。同時に、それまでの経営戦略が時代のニーズに対応できなくなり、社長の心に迷いが出たり、経営意欲が減退し始めたりします。業績が悪化しても、抜本的な打開策が浮かびません。根底には、「我流の経営」の行き詰まりもあるのでしょう。積極的に人材育成をすることがなく、人を活かす経営に取り組んでこなかったせいかもしれません。

第二は、全社的なムードの低下です。社長が経営意欲を失い、方針が不明確になれば、当然、社員の勤労意欲も減退します。幹部社員も自分の役割を果たさなくなり、社歴が長い社員ほど旧態依然とした習慣にしがみつこうとするため、新しいことに挑戦しようという前向きなムードが社内からどんどん失われていきます。

今、長引く不況下にあって苦しんでいる中小企業はたくさんあります。そして、社長自身が「業績が悪化したのはすべて不況のせいだ」などと口にする会社では、例外なくよどんだ空気が充満しています。しかしほんとうは、不況下にあって業績が伸びない時代だからこそ、よどんでなどいられないはず。衰退の兆しが少しでも見えたら、抜本的な対策を打ち出さなければなりません。

じつを言えば、私が初めてA社を訪れたときに感じた空気にも、衰退の気配があったのです。A社は、創業以来20年以上にわたり、ただの一度も赤字を出さず、コツコツと堅実に成長してきた会社です。実質的には無借金経営の「超優良」企業です。にもかかわらず、やはり20年もたてば、どこかによどみが生じてしまうのです。むしろ財務状態がよすぎるからこそ、問題点が見えにくく、対策も立てにくいのかもしれません。

A社の衰退の始まりを示すわずかな兆しは、売上高にありました。収益性は高い、だから利益は上がっている。ただし、売上そのものは伸び悩んでいたのです。

企業は必ず成長しなければならないということを前提にすれば、A社は金融機関からの借入もないし、企業の安全性も収益性もある程度条件を満たしていると考えました。しかし、現在の市場で今後、売上を3億円台に伸ばすには限界があるように思います。それでは社員をこれ以上豊かにすることができません。人件費は、あくまでも売上高１００に対しての分配ですから、売上が伸びなければ人件費も今以上に上げることができないのです。

実際、中小企業の売上の規模は1億から3億台が多くを占めていて、3億の規模を超えるには数年かかることもあります。A社は3億を超えることのできる会社と思っているのですが、そのためには今のやり方を変えなければなりません。

◆次の30年に向けたA社の新戦略

A者の社長夫人とは、私が6年前に東北地方のある金融機関で講演を行ったときからのご縁です。講演会に参加した１７０人の社長夫人のなかの一人でした。当時から、彼女のなかには「このままではいけない、何かをしなければ……」という危機感があったようでした。その後、私が福岡で「社長夫人革新講座」を開いたときには、基礎編と実践編を同時に申し込み、毎月2回、飛行機に乗って福岡まで通ってくるほどの熱心さでした。

社長である夫は、若い頃は画家志望だったという芸術家タイプですが、経営の勉強もよくされています。

社長と社長夫人には、もう一つ大きな悩みがありました。この会社は、社長と社長夫人と社長の弟が中心になって経営してきたのですが、ここ数年、3人の気持ちが微妙にズレ始めていたのです。創業当初は「この会社を成功させよう」という思いでまとまっていたのに、20年たって実際に会社が優良企業に成長すると、3人がそれぞれ別の方向を向くようになってしまったようなのです。「もう一度、同じ目標にむかってまとまりたい」というのが夫婦の願いでした。

しかし、社長といろいろ話をしているうちにわかったことですが、社長も同じ悩みを抱いていたのです。「社長は何をしたいのですか」と質問すると、「幹部とベクトルを一つにしたい」といわれました。幹部と言うのは、社長、社長夫人（常務）、社長の弟（製作部長）、経理主任の４人ですが、いつも社長と幹部３人の考え方がずれるようです。

Ａ社の成長が鈍化し始めた原因は、あまりにも財務状態がよく、経営が安定しているため、努力目標を見失ったことにあるのかもしれません。たしかに現在のＡ社なら、差し迫った不安も危険もないでしょう。しかし、ひとたび成長が止まった企業は、かならず衰退を始めるものです。余力のある今のうちに、将来のための手を打っておくべきです。

私は社長の絵を見せてもらいましたが、すばらしい才能だと感じました。すでに国内外のいくつもの展覧会で入賞しているそうです。社長の才能はＡ社の強みであり、業界においても差別化できるだけの価値はあると思いました。

私は、その才能を積極的に売り出して、新しいビジネスに結びつけることができないだろうかと考えました。絵の才能をビジネスに活かすなどと言うと、非現実的な話のように思われるかもしれませんが、そんなことはありません。アート関係のビジネスには大きな可能性があります。

たとえば、社長が画家として成功し、有名になれば、看板制作の注文も増えるでしょう。看板だけでなく、公共スペースに設置するモニュメントや壁画などの注文にも、十分、対応できるはずです。

そうした展開までにらんで、私たちはまず会社ぐるみのアート展を開催。社長の絵だけでなく、社員が制作した看板やアート作品も地元の人たちに見てもらうことにしました。予想以上に大勢のお客さまが来場し、アート展は大成功に終わりました。すると、ほんとうに駅前広場のモニュメントやホテルのロビーの壁画などの注文が入り始めたのです。

社内の雰囲気はすっかり変わりました。誰よりも、社長の意欲が違ってきました。当然でしょう。それまでは「趣味だから」と思い、休日であってもどこか肩身の狭い思いをしながら絵を描いてきたのです。しかし今や、「仕事の一環」として堂々と絵筆を持てるようになりました。

社長夫人も変わりました。もともと営業センスに長けた聡明な女性でしたが、以前にも増して生き生きと動き回るようになりました。そして社長の弟は、社員のリーダー役として現場を統率するだけでなく、社長の描いた原画をコンピュータ・グラフィック化する作業を今まで以上に積極的に取り組むようになっています。

3本のベクトルがふたたび1本になり、A社は創業当時の活気と勢いを取り戻したのです。今後、A社の業績がふたたび伸び始めることは間違いないでしょう。

7章

決算書を読む視点4

あなたの会社の社員は
どれだけがんばっているか

会社が生み出す付加価値がわかる「生産性」の分析と、
効率を高めるための対策

より大きな付加価値を生み出すには効率が欠かせない

◆業績が悪化し、人件費が経営を圧迫するようになった会社

会社の経営に携わっていると、「今年は生産性の向上をめざす」とか「今期は生産性を10%アップする」といった言葉を聞くことがよくあります。「生産性」とは、具体的には何を意味しているのでしょうか。

生産性の意義についてお話する前に、まずは生産性に関わる実例を二つご紹介したいと思います。

その一つ、C社は、東日本の大都市圏にあるシステムエンジニアリングの会社です。創業以来28年、順調な発展を続けてきましたが、現在は倒産の危機に直面しています。

売上は約３億６０００万円、従業員数52名で、売上高経常利益率はマイナス３・１%です。貸借対照表を見ると固定負債が71・９%で、流動負債を加えると、じつに全資本の84・９%を他人資本に依存しているためです。これでは、ほとんど利益が残りません。いったいなぜ、こんなことになってしまったのでしょう。

その原因は人件費にあります。売上が約３億６０００万円に対して、人件費の総額は２億

５０００万円に達しています。売上高に占める人件費の比率は70％。要するに売上の70％が人件費に使われているということです。

そこで一人当たりの労働生産性を見ると（下段参照。詳細は後述）、一人当たりの売上が６９２万３０００円（年間）です。また一人当たりの生産性（売上総利益を従業員数で割る）は５６０万５０００円、一人当たりの営業利益はマイナス20万９０００円、一人当たりの経常利益は３８００円、労働分配率は86％で、明らかに生産性が悪くなっている状態です。

C社の業績が急速に悪化し始めたのは、ほんの2、3年前のことでした。リーマン・ショック後の不況が始まると同時に、顧客数が激減したのです。しかし、社内のエンジニアは今も52名。リーマン・ショック前と変わりません。

売上が落ちたのに従業員数が変わらなければ、人件費の負担は重くなります。危機を乗り切るには、思いきったリストラが必要です。そんなことは、社長にもわかっていました。しかし、なかなか覚悟がつかず、「もう少しすれば景気も好転するのでは……」と迷い続けているうちに、「足りないからまた借りてくる」のくり返しで、借金だけが雪だるまのように膨らんでしまったのです。

C社の社長夫人も「社長夫人革新講座」の卒業生です。8年前に夫である社長が大きな怪我をして以来、その後遺症で今までのように積極的な経営ができなくなっているようでした。

$$1人当たり労働生産性=\frac{付加価値}{平均従業員数}$$

突然、社長夫人から相談したいことがあるという電話がありました。

社長夫人の悩みは、このまま事業を続けてよいのか、会社を閉めたほうがよいのではないかという内容でした。しかし、会社を倒産させるのはたいへんなことです。社長の自宅や土地などの個人資産は抵当に入っていますから、社長一家はすべてを失うことになります。社員も全員解雇しなければなりません。C社に関わるすべての人がつらい目にあうのです。

私は、「倒産させるのも大変なエネルギーがいるし、一人当たりの生産性から見るとエンジニアを10人解雇すれば会社は救える」と判断しました。そこで社長夫人に「再建できるかもしれないが、かなりの覚悟がいる」という話をしました。

それから1週間後に「これからは副社長として会社の再建に取り組みますので、ご指導お願いしたい」という内容のメールが届きました。

副社長はさらに社内に向けて次のような方針を発表しました。

「私には子供がいません。私にとっては社員の皆さんが子供です。社員を解雇することはしたくありません。みんなでこの苦境を乗り越えて社員が幸せになる会社を目指しましょう」

こうしてC社では社員を解雇することもなく再建に取り組むことになりました。そのためには、売上を上げることから始めなければなりません。

売上を上げるという対策とともに、問題の人件費を削減するために賞与のカットを行いました。これにより半年で約４０００万円の経常利益が出ました。現社長も非常に喜び、２年後には社長夫人が正式に社長に就任する予定です。

◆事務管理部門の経費を徹底して節約している会社

もう一つの実例であるD社は、中部地方にある精密機械部品の製造会社です。年間売上は50億～60億円。中小企業としては、かなりの規模といえるでしょう。

ところがこの会社には、事務所のスタッフが3人しかいません。初めてD社を訪れた人は、誰でも事務所の狭さと簡素さに驚くのではないでしょうか。私も大いに驚かされた一人です。

D社の社屋は、1、2階が工場になっていて、事務所は3階にあります。私たちは工場の隅にあるエレベーターに乗って3階まで上がりました。案内してくれた社長夫人が申し訳なさそうに「先生、今日はこちらでいいですか？」と聞くので、「もちろん、いいですよ」と答えました。

そして、ドアを開けた瞬間、社長夫人が申し訳なさそうな顔をした理由を知ったのです。事務所は、12坪ほどのほんとうに小さな部屋でした。事務机が三つ、額を寄せ合うように並んでいて、空いたスペースに古びた応接セットが押し込まれています。私たちはそのソファに座って帳簿のチェックを始めました。

帳簿をめくりながらも、私の脳裏には、数日前に訪れた別の会社のオフィスの様子がちらついてしかたありませんでした。

そこは商業デザインの会社で、地代の高い一等地に、ワンフロアがとても広いオシャレな事務所を借りていました。ところが、フロアの3分の1は電気が消えているのです。こちらもやはりリーマン・ショック以降、仕事が急激に減ったため、少しでも経費を節減しようというのでしょう。

経費節減はよいことです。しかし、電気を消す以前に、なぜ広いオフィスを借り続けているのか、私には理解できませんでした。そもそも、いったいなぜそんな贅沢なオフィスを借りたのでしょう。デザイン会社という仕事の関係上、それなりの体裁は必要なのかもしれませんが、無駄が過ぎるように思えてなりませんでした。

それに比べて、D社の事務所のなんと質素なことでしょう。私はそこに、D社の社長の確固たる理念を感じました。

製造業であれ、サービス業であれ、企業にとっていちばん大切なのは、直接、お金を稼いでくれる現場です。管理部門や事務部門はお金を使うだけ。自分たちで稼ぐことはできません。言ってみれば、社内のサービス部門なのです。

ところが、現実にはどうでしょう。多くの会社では、サービス部門のほうが大事にされ過ぎています。現場の従業員が冷暖房もない工場で一生懸命お金を稼いでいるのに、間接部門のスタッフは快適なオフィスでのんびり仕事をしている。むしろ、お金を使い過ぎているのではないでしょうか。

それはおかしい……。D社の社長はそう考えたのでしょう。管理部門や事務部門などの間接部門にかける経費は最小限に抑え、工場で働く社員を大切にすることにしたのです。「現場が大事」という言葉はあちこちで耳にしますが、ほんとうに実践している会社は少ないように思います。

このような考え方は理想論のように思われがちですが、そうではありません。お金を稼がない部門では徹底的な経費削減を進めるかわりに、お金を稼ぐ部門は手厚く遇する。その結果、どういうことが起こるかといえば、間接部門のスタッフは自分たちの立場と役割を認識し、謙虚な態度で現場をサポートするようになるのです。一方、現場のスタッフは、大切に扱われることで仕事にやり甲斐を感じ、ますます一生懸命に働くようになります。その結果、社内のモラルは高まり、生産性も上がり、D社のように業績も伸びていくのです。

◆「付加価値」とは何か？

それでは、生産性の話を始めましょう。

「生産性」とは、人、物、お金、情報、時間などの経営資源を投入したことにより、どれだけの価値を生み出したかを見る指標であり、企業の収益力と成長発展の基礎になるものです。

生産性は、大きく分けて二つあります。一つは従業員数や人件費を投入することによって得られた付加価値（売上総利益）の割合を示す「労働生産性」。もう一つは物を投入することで生み出した付加価値の割合を示す「資本生産性」です（次ページ図表37）。

図表37●生産性には「労働生産性」と「資本生産性」の2つがある

① 労働生産性 $= \dfrac{\text{付加価値（売上総利益）}}{\text{人}}$

（投入するもの）

- ●人員……………………1人当たり付加価値生産性
- ●人件費………………賃金生産性
- ●労働時間……………時間生産性
- ●人員×労働時間……人・時間生産性

② 資本生産性 $= \dfrac{\text{付加価値（売上総利益）}}{\text{物}}$

（投入するもの）

- ●有形固定資産………有形固定資産生産性
- ●機械設備……………機械設備投資効率

売上が激減したにもかかわらず、好調だった頃と同じ人数の社員を雇用し続けていたC社の場合は、社員数や人件費の割に売上も利益も低いわけですから、労働生産性が低いことになります。

一方、質素な事務室と3人の事務員だけで、売上50億～60億円の企業の事務作業をすべて担っているD社は、資本生産性がきわめて高く、3人の事務員は非常に付加価値の高い仕事をしていると言えるでしょう。

ところで、付加価値とは何でしょう。6章の成長性の説明のなかで、商業サービス業では付加価値は売上総利益とほぼ同じだと述べましたが、もう少し説明が必要かもしれません。

「付加価値」とは、原材料や部品な

図表38●付加価値の意味と算出法

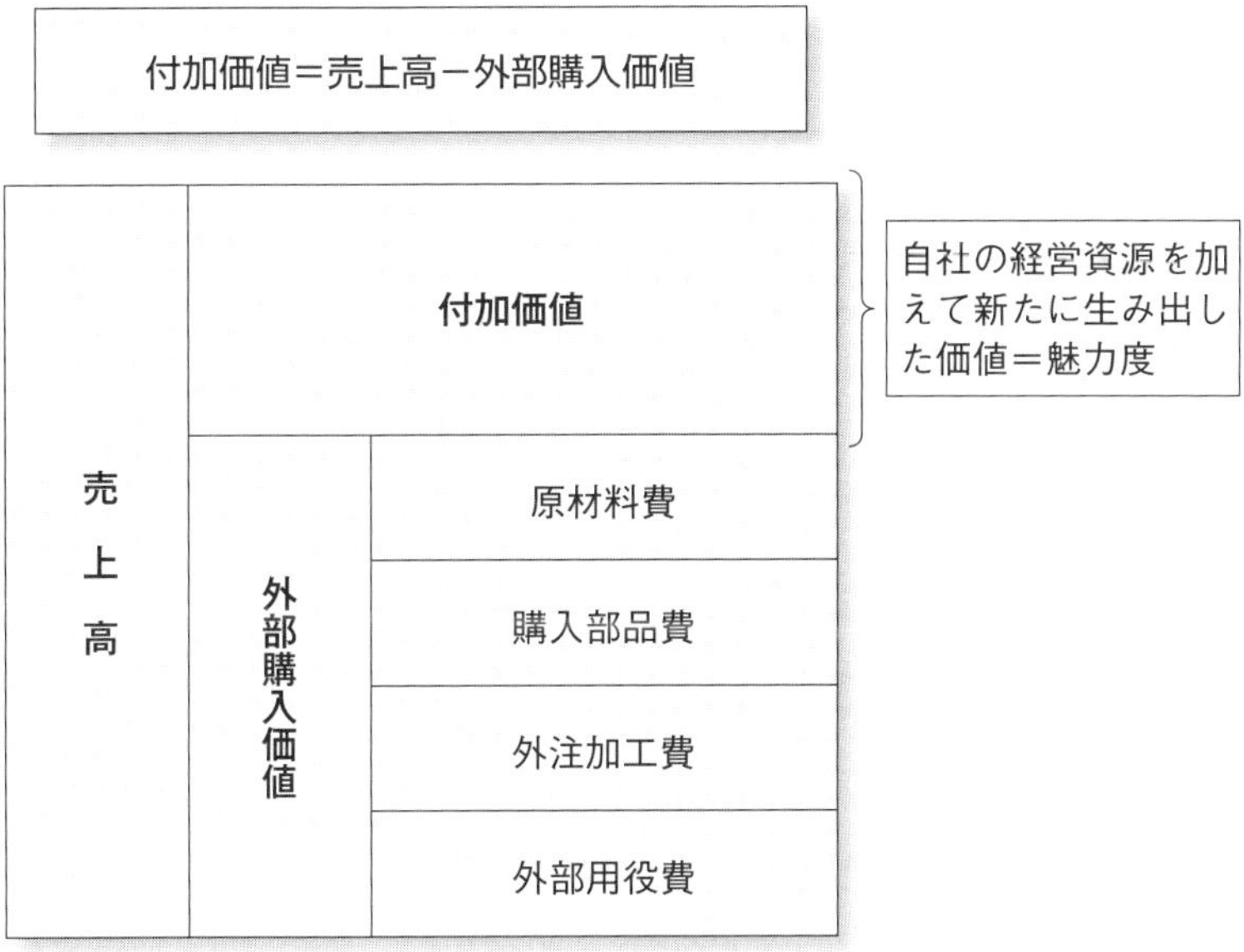

ど、その企業が外部から買ったもの（外部購入価値）に、自社で新たに付け加えた価値のことです。その企業が付け加えた「魅力度」と考えてもよいでしょう（図表38）。

付加価値は、売上高から外部購入価値を引くことで求められます。したがって、販売業やサービス業の場合は売上総利益と同じですが、製造業の場合は「加工高」ともいいます。加工高は、売上（生産高）から仕入材料と外注工賃などの外部購入価値を引いたものをいいます。

この付加価値を売上高で割り、100をかけた数値を「付加価値率」と呼びます。付加価値は、企業が発展するための原資となる利益ですから、高いほど効率のよい経営をしていることに

図表39●付加価値率を求める計算式

$$\text{付加価値率（売上総利益率・限界利益）} = \frac{\text{付加価値（売上総利益）}}{\text{売上高}} \times 100$$

図表40●付加価値と経常利益との関係

付加価値 － 自社の経営資源 ＝ 経常利益

図表41●自社の経営資源を効率よく活用すれば経営成果は大きくなる

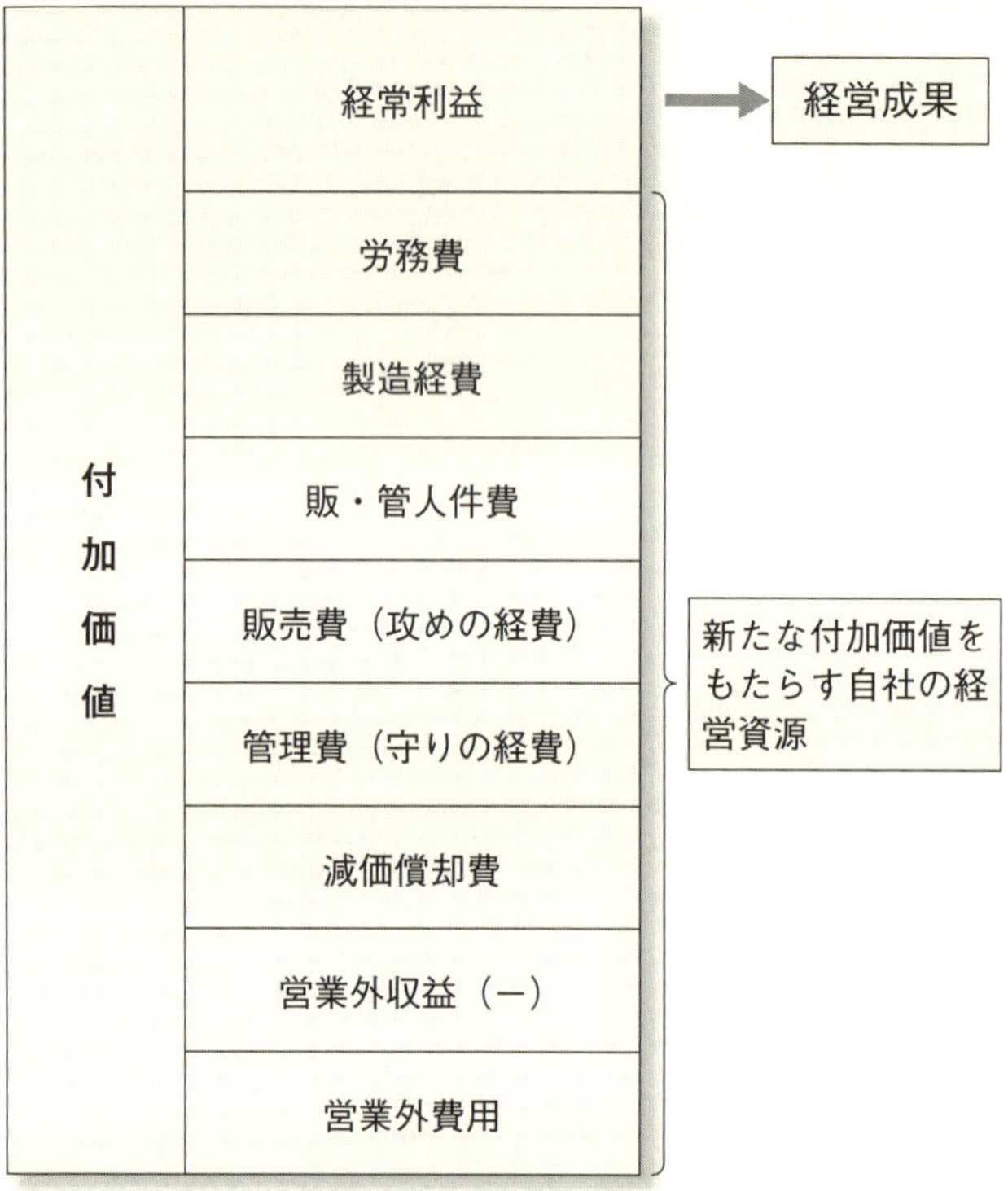

図表42 ● 労働分配率を求める計算式

$$労働分配率 = \frac{人件費}{付加価値} \times 100$$

なります（図表39）。

また、経常利益は付加価値から自社の経営資源を引くことでも求められます（図表40）。この計算式からもわかるように、できるだけ少ない経営資源で、より大きな付加価値を生み出せば、それだけ大きな経常利益が残ります。言い換えれば、自社の経営資源を効率よく活用すればするほど、得られる経常利益も大きくなります。それが「費用対効果」の原則です（図表41）。

業績が伸びない会社や低迷している会社は、投入した経営資源をうまく活用できていないということですから、生産性を改めて分析してみる必要があります。一般に、経営分析においては、成長性の分析と同様、生産性の分析は軽視される傾向がありますが、じつは生産性こそが社員の貢献度と幸福度を測る指標なのです。

ちなみに、付加価値額のなかで人件費が占める割合を「労働分配率」と呼びます。労働分配率は、人件費を付加価値で割り、１００をかけることで求められます。目安となるのは40%。これ以上だと利益を圧迫するので、悪くても50%以下をめざしたいものです（図表42）。

事例研究　生産性を分析する指標とその読み方①

——労働生産性

◆社員のがんばり度を見る「労働生産性」

「企業は人なり」という言葉がありますが、事実、企業が収益を上げるのも、成長発展を遂げるのも、人の力によるところが大です。トップの姿勢はもちろんのこと、そこで働く社員の価値観や仕事観、能力などによって企業のレベルは違ってきます。

昔、ある会社の社長から「いくら社員ががんばってくれても数字には表れませんね」と言われたことがあります。私はこう答えました。

「いいえ、すべて数字に表れますよ」——。

ここでも、そういう視点から生産性についてお話ししたいと思います。社員のがんばり度を見せてくれるのは「労働生産性」という指標です。

労働生産性は、付加価値（売上総利益）を従業員数や人件費、労働時間などで割ることで求められます。

たとえば、平均従業員数で割ったものが「一人当たり労働生産性」（図表43）、人件費で割ったものが「賃金生産性」、労働時間で割ったものが「時間生産性」、人員×労働時間で割っ

図表43●一人当たり労働生産性を求める計算式

$$\text{一人当たり労働生産性} = \frac{\text{付加価値}}{\text{平均従業員数}}$$

たものが「人・時間生産性」です。

なかでもとくに重要なものが、一人当たり労働生産性です。これは、文字どおり従業員一人当たりの付加価値を見る指標であり、その会社の体質や社員の仕事の効率がわかります。この数値が低いのは、稼ぎのよくない「扶養家族」が多いということ。そのような会社は、いずれ動脈硬化を起こし、機動力を失っていきます。

一人当たり労働生産性は、前述したように付加価値（売上総利益）を平均従業員数で割ることで求められます。この場合の「従業員数」は１日８時間労働が基準です。したがって、４時間勤務のパート社員の場合は０・５人と数えます。「平均従業員数」は、毎月の従業員数を足し、経過月数で割って求めます。

一人当たり労働生産性の目安は年間８００万円以上です。通常、８００万円を超えると利益が得られ、１０００万円以上になれば、会社経営にもかなり余裕が出てきます。５００万円から６００万円程度では、なかなか利益が出ません。

社員のがんばり度を見るための指標として、もう一つ、覚えておいてほしいのが一人当たりの営業利益です。これは、営業利益を平均従業員数で割ることで求められます（次ページ図表44）。

図表44●一人当たり営業利益を求める計算式

$$\text{一人当たり営業利益} = \frac{\text{営業利益}}{\text{平均従業員数}}$$

社員がいくらがんばって売上を上げても、販売費がかかり過ぎて利益が残らないようでは評価できません。その意味で、一人当たりの営業利益は、会社に対する社員の貢献度をもっともよく表している指標です。

目安としては、年間１００万円以上なら「秀」、80万円から90万円台が「優」、60万円から70万円台が「良」、40万円から50万円台は「普通」、それ以下は「落第」です。ただし、一人当たり営業利益も社員個人の努力だけで決まるわけではなく、管理面の問題や経営政策が影響することもあるので、その点からの分析も必要です。

◆一人当たりの労働生産性が意外に低いA社

それでは、A社とB社のケースを具体的に見ていきましょう。両社とも製造業ですから、付加価値は「限界利益」で見ていきます（図表45）。「限界利益」については次章で詳しくお話ししますが、売上高から変動費を引いたものであり、製造業において損益分岐点を分析するための指標となるものです。

A社の一人当たり労働生産性は、20期が６６３万５０００円、21期が５３５万１０００円、22期が６１５万１０００円です。８００万円以上が目標ですから、けっして望ましい数値とは言えません。

図表45● A社の生産性

単位：千円

	20期	21期	22期
売上高	263,188	200,986	234,045
付加価値（限界利益）	165,878	133,781	147,618
人件費	99,257	89,762	98,890
営業利益	16,423	855	8,849
経常利益	17,864	5,322	10,723
従業員数	25名	25名	24名
一人当り売上高	10,528	8,040	9,752
一人当り労働生産性	6,635	5,351	6,151
一人当り人件費	3,970	3,590	4,120
一人当り人件費（役員報酬除く）	3,715	3,207	3,750
一人当り営業利益	657	34	368
一人当り経常利益	715	213	447
労働分配率	59.8%	67.1%	66.9%

一人当たりの人件費はほぼ横ばいでありながら、労働分配率が上昇傾向にあるのも問題です。そのため、一人当たりの営業利益は40万円以下の落第点となってしまいました。

安全性の分析では財務体質がきわめて良好であり、収益性の面でも優秀だったA社ですが、成長性と生産性に問題のあることがあきらかになりました。すでに成長が止まり、安定期に入っているのです。これまでの戦略や戦術では限界が見えてきたということです。

この壁を乗り越えるために、A社は何をすればよいのでしょう。

まずは、現状のなかから利益の取りこぼしを防がなければなりません。たとえば、クレームの発生率を低下させたり残業時間の短縮をめざした取り組みが必要になります。もちろん、一人当たり、時間当たりの付加価値を高める努力も不可欠です。そのためには、経営者と経営幹部が改めて意思の統一を図り、社員の意識改革に取り組むこと。また、効果的な配置転換によって社員の潜在能力を活用することも考えるべきでしょう。

しかし、将来の発展まで見据えた場合には、抜本的なイノベーション（革新）への取り組みが必要です。

◆本業部門では社員ががんばって利益を上げているB社

Ｂ社の場合、一人当たりの労働生産性は40期が８８１万９０００円、41期が７６８万３０００円、42期が７４０万５０００円。Ａ社よりはいい数値ですが、利益が出るぎりぎりのラインである８００万円前後で変動しており、１０００万円には届いていません（図表46）。

Ａ社同様、一人当たりの人件費がほぼ横ばいでありながら、労働分配率が上昇傾向にあるのも問題で、それは付加価値（限界利益）が減少傾向にあることからもわかります。ただし、一人当たりの営業利益は「優」レベルの81万３０００円となっています。

安全性の分析、収益性の分析ではかなり厳しい結果が出たB社ですが、それは自己資本の3倍もの投資を行い、足りない資金を借入金で補ったためでした。その結果が、総資本経常利益率０・２％というきわめて低い数値だったのです。しかし、一人当たりの営業利益が高いということは、少数精鋭の体制で社員ががんばって働いてくれているということです。

図表46 ● B社の生産性

単位：千円

	40期	41期	42期
売上高	237,141	254,486	239,151
付加価値（限界利益）	114,651	99,879	96,259
人件費	53,754	54,273	54,273
営業利益	22,093	13,191	10,573
経常利益	6,034	692	685
従業員数	13名	13名	13名
一人当り売上高	18,242	19,576	18,396
一人当り労働生産性	8,819	7,683	7,405
一人当り人件費	4,134	4,175	4,175
一人当り人件費（役員報酬除く）	3,528	3,514	3,628
一人当り営業利益	1,699	1,015	813
一人当り経常利益	464	53	53
労働分配率	46.9%	54.3%	56.4%

にもかかわらず、一人当たりの経常利益が41期、42期とも5万３０００円という極端に低い金額となっているのは、やはり支払利息や営業権償却などの費用が利益を圧迫しているためです。これは、あきらかに政策上の問題であり、社員の貢献が足りないせいではありません。「過去の負の清算」の負担がどれほど重いかがよくわかるのではないでしょうか。私はB社の社長夫人に社員に感謝しなければいけないと言っています。

B社には、今後、取り組まなければならない課題が充満しています。たとえば、「我流の経営」から「基本に精通した経営」への転換／経営ビジョンの明確化／全社が一体となり、目標を実現するための中長期計画の作成と社内風土の構築／コスト意識の徹底／社長夫人の役割と責任の明確化……。

　Ａ社の場合と同様、Ｂ社でもまだまだ利益の取りこぼしがあると考えられますが、数字だけ見ていても、何も改善はできません。数字を変えるためには、意思と行動が必要です。具体的な課題を見つけ、一つひとつ解決していかなければ、生産性は向上しませんし、企業の体質も変わりません。

　また、５章の最後に触れたようにＢ社の業務には、大きく分けて建築部門と燃料部門、別荘管理部門があります。現在、もっとも付加価値率が高いのはやはり別荘管理部門だと考えられます。今後、力を入れていくべきでしょう。

事例研究　生産性を分析する指標とその読み方②
——資本生産性

◆設備投資の効果を示す「資本生産性」

ある建築会社の社長が突然、亡くなり、社長夫人が新社長に就任したときの話です。前社長は亡くなる前、４０００万円で大型の建設機械を購入していました。しかし、その直後から公共工事の受注が減り、しかも受注した工事は小規模なものばかりです。そのためせっかく購入した機械も放置されたままでした。

長くからいる幹部社員たちは、「前社長の思いが詰まった機械なのだから、そのままにしておきたい」と言います。新社長にも、その気持ちはよくわかりました。しかし、彼女は「社長夫人革新講座」の受講生でしたから、その機械が遊休資産になっていることに気づいたのです。

新社長は悩んだ末、その機械を処分すべきかどうか私に相談がありました。私はこう答えました。

「高価な機械を放置して使えなくなるのを待つよりは、小型で使いやすい機械に買い換えて回転率を上げ、付加価値を生み出すほうが、前社長も喜ばれるのではないでしょうか」

たとえ前社長の思いがどれほど詰まっていても、まったく価値を生み出さない資産を維持し続けるのは非生産的です。新社長は決心し、その機械を売却して小型の機械に買い換えました。今ではその機械が十分回転しているようです。

ここでお話しする「資本生産性」は、機械設備などの有形固定資産がどれだけ付加価値を生み出しているか、つまり設備投資効果を見るための指標です。

平成20年のリーマン・ショック以来、日本の製造業は大きな打撃を受けました。資金力のない中小企業が会社を維持するためには、ロットが小さくて生産性の低い仕事も受注せざるを得ないのが実情です。それでも、機械設備の稼働率はいまだに三分の一程度、よくても二分の一だと聞いています。

「低コスト」「高品質」「短納期」は、製造業にとって三種の神器のようなものです。大量生産、低コストのニーズに対応するには、人件費の安い中国などで海外生産を行うしかないという状況はありますが、製造業である以上、やはり生産性の向上と高品質をめざすための設備投資は必要です。

設備投資には、その目的によって合理化投資、省力化投資、拡張投資、製品投資、戦略投資、製品開発投資などがあります。ただし、いずれの場合も付加価値を高めることを目的としなければなりません。

さて、設備が効率よく稼働しているかどうかを見る指標が付加価値であり、製造業では限界利益、サービス業などの場合は売上総利益と同じだとお話ししました。資本生産性を見る

図表47●製造業の場合の資本生産性

付加価値（限界利益）＝売上高―変動費（期首棚卸高＋材料仕入費＋外注費－期末棚卸高）

$$\text{資本生産性（倍）} = \frac{\text{付加価値}}{\text{機械設備}}$$

図表48●商業の場合の資本生産性

付加価値（売上総利益）＝　売上高－売上原価（期首棚卸高＋製品仕入高－期末棚卸高）

$$\text{資本生産性（倍）} = \frac{\text{付加価値}}{\text{有形固定資産}}$$

図表49●分析のポイント

$$\text{資本生産性} = \frac{\text{付加価値}}{\text{固定資産}} = \underset{\text{（付加価値率）}}{\frac{\text{付加価値}}{\text{売上高}}} \times \underset{\text{（固定資産回転率）}}{\frac{\text{売上高}}{\text{固定資産}}}$$

場合、それぞれの計算式は次のようになります。

製造業の付加価値（限界利益）は、売上高から変動費（期首棚卸高と材料仕入費と外注費を足して期末棚卸高を引いた金額）を引いたものであり、資本生産性は付加価値を機械設備で割ることで求められます（図表47）。

一方、サービス業など商業の場合、付加価値は売上高から売上原価（期首棚卸高に製品仕入高を足したものから期末棚卸高を引いた金額）を引いたものであり、資本生産性は付加価値を有形固定資産で割ることで求められます（図表48）。

これらの計算式から、資本生産

図表50●A社とB社の資本生産性の比較

単位：千円

項　目	A社 22期	B社 42期
売上高	234,045	239,151
付加価値（限界利益）	147,618	96,259
付加価値率（限界利益率）	63.1%	40.3%
固定資産	63,714	203,525
有形固定資産	50,240	162,898
資本生産性	2.32倍	0.47倍
固定資産回転率	3.7倍	1.2倍
有形固定資産回転率	4.7倍	1.5倍

性を高めるためには、付加価値率と固定資産回転率*の向上が必要であることがわかります（図表49）。

そこでA社とB社の資本生産性を比較してみると、A社は固定資産に6371万4000円を投資して、その2・32倍に当たる1億4761万8000円の付加価値を生み出していることになります。一方、B社は固定資産2億0352万5000円を投資して、0・47倍、つまり半分以下の9625万9000円の付加価値しか生み出していません。ここでもやはり、無計画な設備投資が経営を悪化させる大きな要因となっていることがわかります（図表50）。

ある会社の決算書を見ると、有形固定資産の中で機械設備が2000万円増加していました。私は「この機械は何の目的で買ったのですか」と質問しました。そうすると「新し

固定資産回転率
売上高を固定資産で割ったものを固定資産回転率といい、何回で表現します。この回転率が悪くなってきた場合は過剰設備や遊休資産があると考えられます。

い分野の受注をするのに必要だから」という答えが返ってきました。「それでは、今期はその分野の売上がいくらありましたか」と質問すると、「いくらあったかわかりません」という返事でした。投資はしたけれど、その成果を管理していない。そんな「投資しっぱなし」の企業がなんと多いことでしょうか。

◆付加価値を生み出さない設備は「負の遺産」

ご存知のように、１９９０年頃のバブル期には多くの中小企業が投資目的で不動産を購入したり、本業以外のビジネスを始めたりしました。私がよく知っている会社のなかにも、自社社屋以外にビルを建て、レストラン経営を始めたところがありました。

しかし、バブル崩壊とともにレストラン経営は破綻。残ったのは1棟のビルと6億円の借金でした。本業部門の売上が約2億円という中小企業に、年間２１００万円という支払利息が重くのしかかってきました。ビルを貸すことで年間１８００万円の家賃収入が入るようになりましたが、それでも毎年３００万円の赤字です。やがて店子が撤退すると家賃収入も途絶え、資金繰りはさらに苦しくなりました。

でも、私はかならず立て直せると確信していました。「命さえあれば、必ず蘇える」というのが私の信念です。ただし、会社がこのような苦境を脱して蘇えるためには、何としてもやり遂げなければならないことがありました。

まず、固定資産の洗い出しを行い、それらが付加価値を生み出しているかどうかを確認します。十分な価値を生んでいない固定資産がある場合には、より大きな付加価値を生み出す方法を検討しなければなりません。選択肢のなかには、遊休資産を思い切って売却したり、買い換えることも含まれるでしょう。

遊休資産の売却は資金繰りの改善をもたらします。ただし、売却資金を運用する際には、借入金の返済を優先しなければなりません。借入金を減少できてこそ、総資本がスリムになって、支払利息の負担も軽減できるのです。その結果、経常利益が改善し、総資本経常利益率と売上高経常利益率も改善するはずです。

この会社の社長も、ついにビルの売却を決意しました。この頃には借入金も5億円くらいになっていましたが、ビルの売却時の評価額は約2億３０００万円でした。そのうち2億円を借入金の返済に充て、残り３０００万円は運転資金に充当し、その資金で経営の立て直しを図りました。それによって借入金の残額は3億円、支払利息も１５００万円に減りました。

年間売上2億円の中小企業にとって、１５００万円以上の営業利益を出すのは楽なことではありません。しかし、社長は私のアドバイスを素直に聞き入れてくれました。社員たちも状況をよく理解し、がんばって働きながらもコスト削減に努めました。その結果、ついに営業利益１６００万円を達成。一方では、社長と社長夫人が銀行と粘り強く交渉して金利などの条件変更に成功し、支払利息を１３００万円まで減らすことができたのです。

現在の同社は、支払利息の１３００万円を負担しながらも、プラスの経常利益を出しています。ようやく長いトンネルの出口が見えてきました。

このエピソードが教えてくれるのは、きちんとした見通しのないまま設備投資を行うことの怖さです。何の付加価値も生み出さない遊休資産を抱え込んでしまったら、本業でいくら利益を出しても、「負の遺産」に大切な利益を吸い取られ、長く苦しむことになります。だからこそ、生産性の分析がきわめて重要なのです。

事例研究　生産性を分析する指標とその読み方③

――稼働率

◆人や物が正味どれくらい働いたかを示す「稼働率」

労働生産性や資本生産性を高めるためには、就業時間がほんとうに有効に使われているかどうかもチェックする必要があります。そのために役立つのが稼働率という指標です。

「稼働率」は、一定期間（1日、1週間、1カ月）における人、または機械の実働時間に対する有効作業時間の割合を示すものです。簡単に言えば、人や機械が生産に直接、関わる仕事を行った時間が、就業時間全体の何パーセントかを示す数値であり、「実働率」とも呼ばれます。余裕作業時間*を減らして、正味の作業時間を増やすための目安となります。

稼働率を分析するには、まず実働時間（就業時間）を算出します。「実働時間」とは、拘束時間（勤務時間）から正規の休憩時間を差し引いた時間のことです。

しかし実働時間には、会議や打合せなどにかかる時間や、清掃、事務処理、材料の手配、物の移動や運搬、クレームや不良品処理などに関わる補助時間も含まれます。そこで、実働時間からそれらの時間を差し引き、「有効作業時間」、つまり正味の作業時間を算出するのです。

余裕作業時間
間接時間（材料手配、運搬・掃除）と仕損時間（不良品の手直）を合わせたもの。実働時間中にこの時間が多いと有効作業時間が少なくなり、生産性が悪くなります。

図表51●稼働率を算出する計算式

① **実働時間（就業時間）を出す**

実働時間（時間）＝ 拘束時間（勤務時間）－ 正規の休憩時間

② **有効作業時間（正味の作業時間）を分析する**

有効作業時間 ＝ 実働時間（時間）－（打合せ時間＋余裕作業時間）

（打合せ時間＋余裕作業時間）＝（間接時間＋仕損時間）

$$\text{稼働率（\%）} = \frac{\text{有効作業時間}}{\text{実働時間}} \times 100$$

最後に、有効作業時間を実働時間で割り、100をかけることで求められるのが稼働率です（図表51）。

稼働率が低いということは、間接時間に多くの時間がとられていることを示しています。作業時間が長い割には、直接、生産に関わる作業を行う時間が短いということですから、生産性が低い要因となります。当然、残業時間も増え、人件費がかさみますから、コスト高の原因ともなります。

リーマン・ショック以降、製造業は生産高に注目するようになり、とくに稼働率に熱い視線を注いでいます。「1時間当たりの売上高」や「1時間当たりの加工高」「1時間当たりの付加価値」などの見直しも行うようになりました。残業時間の短縮に取り組んでいる会社も多いのではないでしょうか。

しかし、残業代の一部が従業員にとっては大切な生活給与となっている会社もあります。残業代のカットばかりを重視すると、社員の生活を苦しめる原因となってしまいますから、根本的な給与体系の見直しが必要でしょう。

数字は入り口であり、出口です

数字は、人の意識と行動が変わらなければ変わりません。

私は、人はみな幸せになる権利をもって、この世に生れてきたと思っています。しかし、何が幸せかという価値観は人によって違うでしょう。

京セラの名誉会長である稲盛和夫さんが、こんなことをおっしゃっています。

「20歳までは社会に出る準備をし、それから40年間は一所懸命に働き、60歳になったら死を迎える準備をしなければならない」

少なくとも仕事をする以上、40年間は価値のある仕事をして、より多くの対価を得たいもの。仕事と人生は一体だと思うからです。仕事の成功が人生の成功であり、人生の成功は仕事の成功につながっています。

また、成果は努力の量に比例します。努力を「心」「技」「体」で表すならば、「心」は、理念や価値観を高めて人間力を磨くこと。「技」は、専門的な知識や技術を習得すること。そして「体」は、その二つの努力の結果であると言えるでしょう。

「企業は人なり」の言葉どおり、経営分析の根幹も、結局は「人」にあります。人がやりがいをもって働ける経営環境を実現しなければ、中小企業はけっしてよくなりません。

8章

決算書を読む視点5

いくら売上を出せば目標達成できるのか

売上目標を確定させる「採算性」の分析と、
目標を達成するための対策

採算性を見るには損益分岐点を描いてみる

事業所別、部門別に収支を見てみると……

中部地方の都市で水産小売業を営むE社は、創業以来三十数年、地元の魚屋さんとして近所の人たちに親しまれてきました。現在は市内に三つの店舗を構え、病院への食材納入なども行っていますから、傍目には順調な経営をしているように見えるかもしれません。しかし、一時期、内実は火の車となり、ほとんど破綻状態になりました。この会社も、社長夫人が「社長夫人革新講座」の受講生です。

業績が傾き始めたきっかけは、新規出店の失敗でした。バブル末期に多額の借入を行って3店目をオープンさせたのですが、大きな赤字を背負って撤退。結局、多額の借入だけが残り、他の2店舗の売上でなんとかカバーしようとしたものの、金利を返すだけが精いっぱいでした。

私が初めて社長とお会いした頃は、売上が3億円、経常利益は４５０万円ありましたが、自己資本がマイナス４５００万円、1億４０００万円の借入金もありました。社長夫妻は税理士に「もうやめたほうがいい」と言われ、自宅を売る覚悟までしていたそうです。

しかし私は、まだ改善の余地があると思いました。たしかにE社全体では、債務超過で借入金の元本が返せる状態ではありませんが、経常利益が４５０万円あり、赤字ではないことに一点の灯りが見えたのです。そこで、どれだけの利益を上げればこの会社が存続できるかを計算してみました。必要な利益を年間の借入返済額に見合った経常利益とすると、１０００万円あれば守れることがわかりました。

このことを社長さんにお話しすると、会社を清算しなくても良いことがわかり安堵されたのか、今まで暗かった表情も明るくなり、前屈みだった姿勢もすっと背筋が伸びたように感じられました。

ここで大事なのは、「これならやれる！」という、ちょっと先の光を見せることです。

多くの社長夫人が犯しがちな行為があります。経営が苦しくなると社長に向かい「売上が足りません。どうするんですか？」「資金が足りません。どうするんですか？」と社長をますます追い詰めるような詰問をすることです。

逆に言うと、社長夫人が一寸先の前向きな可能性を見せれば、社長を救うことができるのです。この努力はして欲しいものです。

私はこの会社と顧問契約していただいて、３年間改善のお手伝いをしました。改善の手順は次のようなものです。

1、正しい月次決算をさせる

正しい月次試算表ができているか確認をしたところ、まったくできていない状態でした。

正しい月次試算表を作成するのは、経営判断をするためのベースです。私は、経理の担当者であるパートの女性に、日次決算を習慣化させ、月次試算表を翌月7日までに仕上げることと、決算については30日決算（決算日の翌日から30日以内に申告書を仕上げること）を目指す指導をしました。

2、改革のキーマンを決める

改革には社内でキーマンとなる人が必要です。私は後継者の育成をかねて息子さんをキーマンと決め、彼に現状を説明し、１０００万円の利益を出さなければならないことを伝えました。

当時の彼は経営者の目線ではなく、どちらかというと社員の目線に立っていて、経営不振に陥らせた両親に対して批判的でした。

彼は私に、「なぜそんなに利益を出さないといけないのか」と質問してきました。そこで私は、期待される成果を話しました。

（１）将来この会社を継ぐときに借入金はできるだけ少ないほうがよいこと
（２）今、債務超過が４５００万円あるので、毎年１０００万円の利益を出せば5年で解消できること
（３）税務上の繰越欠損*があるので４５００万円の利益を出しても、税金はかからないので資金が残せること
（４）まだ両親も頑張れる年齢なので一緒に頑張れば会社を清算することはない。逆に会

繰越欠損
青色申告書を提出している中小企業が税務上の欠損金を出した場合、その欠損金を7年にわたって繰り越すことができる制度です。前年度が４５００万円の欠損金、今年度は３０００万円の所得が出た場合、今年度の３０００万円は欠損金と相殺できますので、税金はゼロになります。さらに相殺しきれない１５００万円は翌年以降に繰り越しできます。

社を救うこともできるし、借入金も返済できる。社員も幸せにすることができること

彼は、私の話を聴いて納得し、覚悟ができたようでした。

「借入もきちんと返したいし、働いてくれている社員も幸せになってもらいたい。自分の夢もあるので頑張ります」と言ってくれました。

3、改善の手がかりを掴む方式

１０００万円の利益を上げるためには、それに対応する売上が必要です。現状の売上で利益が４５０万円あるわけですから、不足する利益は５５０万円です。

採算性を見る場合、どの部門や事業所が利益を出していて、どの部門が採算が取れていないかを分析すると、新たな可能性を見出すことができます。Ｅ社の場合は、Ａ店とＢ店と寿司の部と三つの部門管理を行うことになりました。

◆はじめに目標利益ありき

会社経営において、とくに新規事業を始めたり、新市場開拓に挑戦したりするときは、「はじめに目標利益ありき」が原則です。損益分岐点、つまり「いくら利益を上げれば黒字になるのか」を計算し、最低でもそれだけの利益が上がるような経営をしなければなりません。それが、基本的な「採算性」の考え方です。

ただし、もともと赤字の会社が新規事業を始めるときは、目標利益以前に、最低でも経費

をペイできるだけの売上を上げることが必要です。

よく本業の赤字をカバーするために、新規事業を始めようとする会社もありますが、これはきわめて危険です。新しい事業でいきなり利益が出るなど、ほとんど期待できません。軌道に乗るまでは、本業の利益で新規事業の赤字を補てんする覚悟が必要なのです。本業が赤字ということは、そもそも会社にそれだけの余裕がないということですから、新規事業も失敗して共倒れになる危険性が高いのです。まずは本業を黒字化したうえで、次の事業を考えるべきでしょう。

Ｅ社のような水産小売業の場合は、新しい店舗を出すという戦略もありますが、新店舗を出すにも資金が必要です。ふたたび失敗すれば、さらに数千万円の借金を背負う恐れもあります。

私たちは、既存店舗で売上アップを図るほうが着実だと判断しました。そして、少くとも６００万円の利益を挙げるために、どうやって新規の売上をつくろうかと考えていたところ、後継者である息子さんがすばらしいアイデアをあたためていたことがわかりました。彼は「ゆくゆくは魚屋さんのお寿司を売りたい」と考え、実際、仕事の合間に寿司づくりを習っていたのです。

店頭で寿司を売ることで5万円の売上がたてば、25日間で１２５万円になります。仮に売上総利益率が50%とすると、毎月の売上総利益62万５０００円ですから、年間７５０万円と試算できます。

この目論見はみごとに当たりました。試算どおり、その年の経常利益は約１２００万円に達したのです。翌年以降、寿司部門は店頭販売だけでなく企業の会議用の弁当や仕出しにまで展開し、さらにそれが鮮魚の宅配にも結びつきました。

その後、あるスーパーがオープンすることになり、３店舗目をその中に出しました。中規模のスーパーマーケットで、店舗面積もかなりあります。私はフロアの一角にある調理場に目をつけました。それまで使っていたのは冷蔵庫とシンクだけのようですが、他に大きな調理台やガス台もそろっています。この調理場を使えば、二次加工品や三次加工品も販売できるではありませんか。

私は社長夫人とよく話し合い、まずは寿司職人を雇って、持ち帰り用の寿司を売ることにしました。すると、どうでしょう。初めて店に並べたその日から、連日売り切れの大盛況となったのです。

今後は煮魚や焼き魚にも手を広げていく予定ですが、この店舗が黒字転換するのはもう確実な気配です。Ｅ社全体の営業利益も大きく改善し、借入金を返済する見通しも立ちました。

新商品開発か、新市場開拓か

企業の業績アップ戦略についてお話しするとき、私がいつも使う図があります。四つの戦略があることを示すマトリックス図です（次ページ図表52）。

図表52●企業の戦略マトリックス図

	既存顧客・既存市場	新顧客・新市場
既商品・既サービス	市場深耕策 ①	新市場開拓策 ③
新商品・新サービス	新商品開発策 ②	新規事業 ④

① 既存の顧客・既存の市場を対象に、現在の商品や現在のサービスで売上を伸ばす方法

② 既存の顧客・既存の市場を対象に、新商品や新サービスで売上を伸ばす方法

③ 新しい顧客・新しい市場を対象に、現在の商品や現在のサービスで売上を伸ばす方法

④ 新しい顧客・新しい市場を対象に、新商品や新サービスで売上を伸ばす方法

①は市場深耕策、②は新商品開発策、③が新市場開拓策です。いずれも前向きな攻めの戦略です。④は新商品を開発して、同時に新市場を開拓しようというのですから、もっとも攻撃的な戦略（新規事業）と言えるでしょう。

しかし、どんな企業にとっても、基本となる戦略は①です。既存市場で既存の商品を売っても、たいした売上アップは望めないと思われるかもしれませんが、そんなことはありません。営業方法をきめ細かく見直し、取りこぼしをな

くすこと。これが、いちばん堅実で、いちばん効率よく底上げできる方法なのです。

新商品開発や新市場開拓など、新たな挑戦を考えている場合でも、まずは①の部分を底上げし、十分な余力ができてから打って出るほうが安全です。

「損益分岐点」の求め方

それでは、新規事業を始める際に行うべき採算性の分析についてお話ししましょう。

採算性の分析では、まず損益分岐点を算出します。「損益分岐点」とは、収益と費用がとんとんになる売上高のことです。経費を収益（売上高）で回収したうえで、さらにプラスが出れば黒字、マイナスの場合は赤字になるわけですが、その分かれ目となる過不足ゼロの売上高が「損益分岐点売上高」です。

損益分岐点を求める作業を手順に沿って一つひとつ順に説明していきましょう。

（手順1）　販売管理費を固定費と変動費に分解する

（手順2）　製造費用を固定費と変動費に分解する

まず、すべての費用を固定費と変動費に分けます。「固定費」とは、売上額の変動に関係なく、毎月決まってかかる経費のことで、地代家賃や賃借料、保険料、事務員給与、福利厚生費、役員報酬などがあります。一方、「変動費」は、売上高に応じて変動する経費のことで、材料費や買入部品、外注工賃などがあります。

ためしに、あなたの会社の総費用を、販売管理費（手順1）、製造費（手順2）の順で、固定費と変動費に分けてみましょう（図表53）。

販売員給与、広告宣伝費、販売促進費、旅費交通費、通信費、光熱費などのように、どちらとも決めにくい経費もありますが、実際には勘定科目の名称も分類の基準も会社の方針によって違うでしょうから、決算などで使用している勘定科目に合わせてください。

一般的な基準で言えば、「労務費」などの固定給は固定費ですが、「残業手当」や「出来高給」は変動費となります。「水道光熱費」や「動力費」も、基本料金は固定費ですが、その他は変動費です。

「福利厚生費」などの付加給付*は、給与賃金と同じ割合で固定費と変動費に按分することができます。「雑費」などは、固定費と変動費に2分の1ずつ分けてもよいでしょう。「直接材料費」や「買入部品」「外注工賃」「間接材料費」「その他の直接経費」などは、基本的には変動費と考えられますが、社長や社長夫人の考え方しだいで、固定費に近いものは固定費、変動費に近いものは変動費とみなしてかまいません。

（手順3　変動比率を出す）

固定費と変動費の分解が終わったら、変動費の総額を計算し、「変動比率」を求めます。変動比率は、変動費を売上高で割り、１００をかけることで求められます（198ページ図表54）。

（手順4　限界利益率を出す）

限界利益についても7章でも簡単にお話ししましたが、ここでもう一度、確認しておきましょう。

付加給付
従業員に対して会社が提供する給料以外の給付・サービスのこと。福利厚生に関するものが多く、社会保険料の上乗せ支給、社宅の提供、食事代補助、低利貸付など。大企業ほど充実している傾向があります。

図表53●すべての費用を固定費と変動費に分ける

《手順１》販売管理費を固定費と変動費に分ける

単位：千円

勘定科目			総経費	固定費	変動費	摘要
販売管理費	販売費	販売員給与				
		広告宣伝費				
		販売促進費				
		支払手数料				
		接待交際費				
		保管料				
		荷造運賃				
		貸倒損失				
	一般管理費	役員報酬				
		事務員給与				
		福利厚生費				
		退職給与引当金				
		修繕費				
		事務消耗品費				
		旅費交通費				
		通信費				
		地代家賃				
		租税公課				
		保険料				
		減価償却費				
		支払利息				
		雑費				

《手順２》製造費用を固定費と変動費に分ける

単位：千円

勘定科目			総経費	固定費	変動費	摘要
直接費	材料	材料費				
		買入部品				
	直接労務費					
	特別費	外注工賃				
		型代				
		設計費				
間接費	材料費	補助材料費				
		消耗器具費				
		消耗品費				
	間接労務費					
	福利厚生費					
	間接経費	減価償却費				
		賃借料				
		保険料				
		修繕費				
		電力料				
		ガス・水道料				
		試験研究費				
		雑費				

① 現在使用している勘定科目を検討して、固定費と変動費に分ける
② 労務費など固定給は固定費、残業手当・出来高給は変動費
③ 水道光熱費、動力費などの基本料は固定費、その他は変動費
④ 福利厚生費などの付加給付は、給料賃金と同じ割合で固定費と変動費に按分することもある
⑤ 雑費などは２分の１ずつ固定費と変動費に按分してもよい
⑥ それ以外に固定費と変動費に分けにくいものは、固定費に近いものは固定費、変動費に近いものは変動費とみなす
⑦ 基本的には、直接材料費・買入部品・外注工賃・間接材料費・その他直接経費などを変動費としているが、自社管理のためには独自の方法でもよい

「限界利益」は、売上高から変動費を引いた金額です。したがって、変動比率が小さいほど、限界利益は大きくなります。

一方、見方を変えれば、限界利益は固定費と利益を足した金額でもあります（下図参照）。「収支がとんとん」とは経常利益ゼロのことですから、「限界利益イコール固定費」の状態ということになります。

「限界利益率」は、限界利益が売上高に占める割合を示す指標であり、限界利益を売上高で割り、100をかけることで求められます。あるいは、変動費を売上高で割った金額を1から引き、100をかけることで求められます。

（手順5　損益分岐点売上高を出す）

固定費を限界利益率で割ることによって求められるのが「損益分岐点売上高」。つまり、「それ以上なら黒字、それ以下なら赤字」という分かれ目の売上高です。経費分解から始まる一連の作業の目的が、ここでようやく達成されることになります。

損益分岐点売上高は「収支がとんとん」の売上高ですから、当然、低いほどよく、少なくとも現在の売上高（または目標）より低くなければなりません。現在の売上高より高い場合はすでに赤字に陥っていることを示しています。

（手順6　経営安全率を出す）

損益分岐点売上高と現在（または目標）の売上高を比較した数値が「経営安全率」です。会社の財務状態にどれほど余裕があるかを示す指標で、損益分岐点売上高を現在（または目

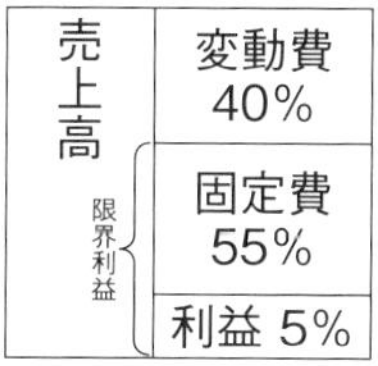

図表54●損益分岐点売上高を導き出し、経営分析に生かす手順

《手順3》変動比率を出す

$$\text{変動比率} = \frac{\text{変動費}}{\text{売上高}} \times 100$$

《手順4》限界利益率を出す

$$\text{限界利益} = \text{売上高} - \text{変動費} = \text{固定費} + \text{利益}$$

$$\text{限界利益率} = \frac{\text{限界利益}}{\text{売上高}} \times 100$$

$$\text{または、} = \left(1 - \frac{\text{変動費}}{\text{売上高}}\right) \times 100$$

《手順5》損益分岐点売上高を出す

$$\text{損益分岐点売上高} = \frac{\text{固定費}}{\text{限界利益率}}$$

《手順6》経営安全率を出す

$$\text{経営安全率} = \frac{\text{損益分岐点売上高}}{\text{現在の売上高}} \times 100$$

$$\text{損益分岐点売上高} < \text{現在の売上高}$$

損益分岐点売上高と現在（または目標）の売上高との比較を経営安全率といい、100%から経営安全率を差し引きその差が大きいほど余裕があるといえる

《手順7》前年度と比較をして見る

$$\text{損益分岐点売上高} - \text{昨年の損益分岐点売上高} = \text{差異}$$

$$\text{経営安全率} - \text{昨年の経営安全率} = \text{差異}$$

標）の売上高で割り、１００をかけることで求められます。

現在の売上高が損益分岐点売上高とちょうど一致しているとき、経営安全率は１００％になります。この数値は低いほど、会社の財務状態に余裕があることを示しています。たとえば90％なら、売上が10％減っても「収支とんとん」ですから、赤字にはなりません。目安としては、90％以下に抑えたいものです。

（手順7　前年度と比較してみる）

損益分岐点売上高と経営安全率を前年度と比較し、経営改善が順調に進んでいるかどうかを調べます。

「利益」と「売上高」と「コスト」の関係を理解する

これまで述べてきたように、損益分岐点分析は、利益と売上高とコストの関係を知るうえできわめて重要です。損益分岐点がわかれば、経営上の問題点や改善すべき点が見えてきます。事業所ごと、部門ごとに損益分岐点を分析すれば、どの事業所の採算性がすぐれているか、どの部門の採算性が悪いのかもわかります。

また、新規事業などの計画立案にあたっては、目標利益を達成するにはどれくらいの売上を上げればよいのかを知ることもできます。

損益分岐点分析に用いられるグラフが「損益分岐点図表」です。このグラフを使えば、利益と売上高とコストの関係が一目瞭然となるはずですから、ここで簡単に説明しておきましょう（図表55）。

（A）は、損益分岐点売上高の基本図です。これ以上、固定費が増加したり、変動比率が高まったりすると、損益分岐点売上の位置が高くなり、利益が圧迫されます。目標利益を達成するためには、売上を上げるか、変動比率を下げ、限界利益率を上げなければなりません。

（B）を見ると、変動比率は（A）と同じですが、固定費が増加したため、利益が圧迫されています。原因を究明し、無駄な経費を削減しなければなりません。

（C）でも変動比率は（A）と同じですが、（B）とは逆に固定費が減少し、そのぶん損益分岐点が下がり利益が増加しています。業績がよくなったことを示すグラフです。この状態をさらに改善するためには、まず変動比率を上げないこと。そして積極的な販売活動によって、さらなる成長をめざそうとする前向きな姿勢が必要です。具体的な戦略をたて、強力な営業部隊をつくるべきでしょう。

（D）は、やはり変動比率は同じですが、固定費に必要（目標）利益を加えた場合の損益分岐点を示す図表です。会計的には「利益ゼロ」の状態が損益分岐点売上ですが、会社は利益を上げることを目標としなければなりません。したがって経営的には、固定費に必要（目標）利益を含めた損益分岐点を目安として、売上管理を行う必要があるのです。

図表55●「利益」と「売上」と「コスト」の関係が一目でわかる「損益分岐点図表」

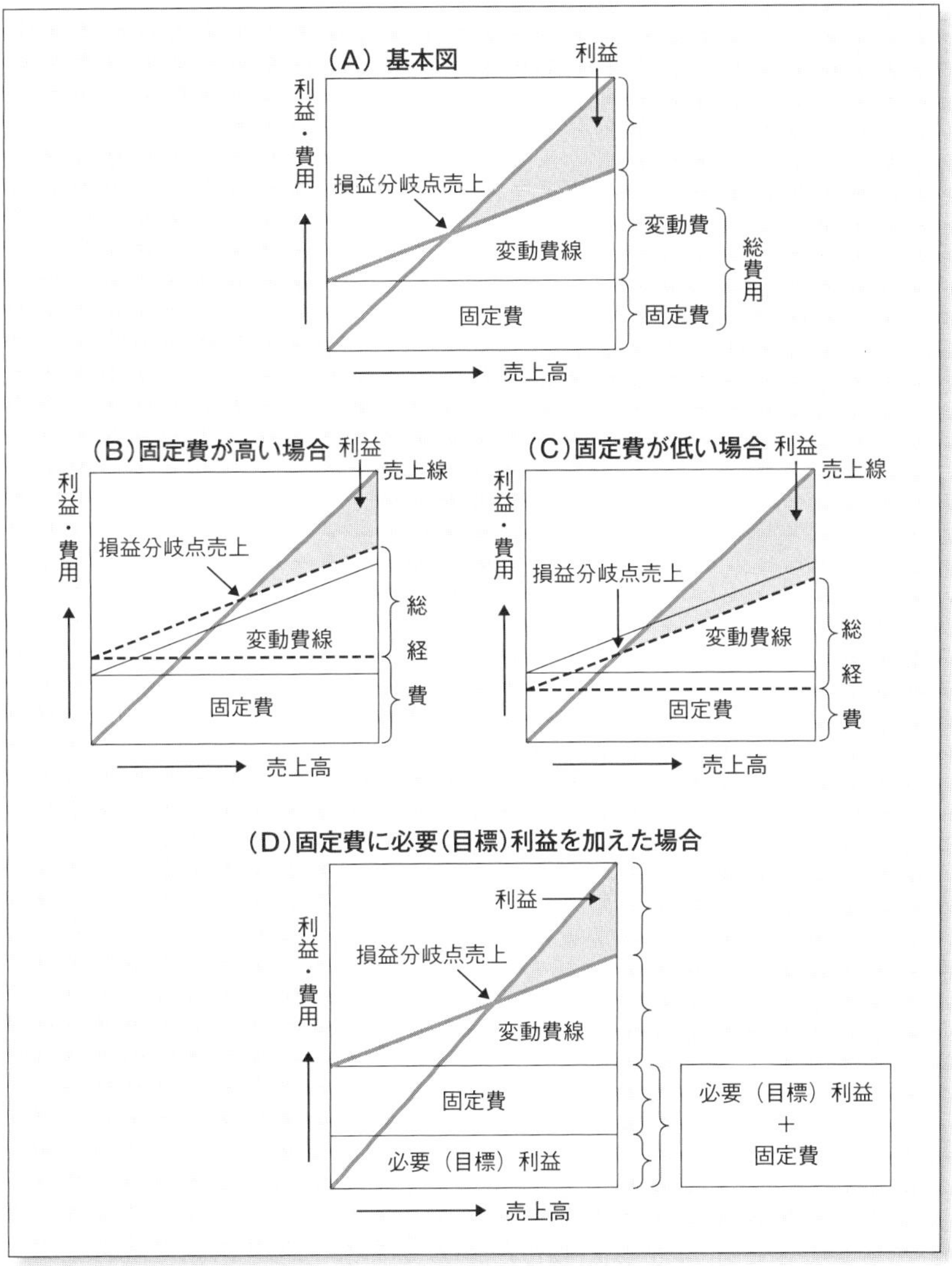

事例研究　採算性を分析する指標とその読み方

◆A社とB社の損益分岐点を比較してみる

ふたたびA社とB社を例にとり、損益分岐点を分析してみましょう。

A社の22期を決算書をもとに費用分解を行うと、固定費が１億３６８９万５０００円、変動費が８６４２万７０００円となりました。売上高は２億３４０４万５０００円ですから、限界利益は１億４７６１万８０００円になります（図表56）。

これを売上高の２億３４０４万５０００円で割り、１００をかけて得られる限界利益率は、約63・１%。非常に高い数字であり、A社が付加価値の高い仕事をしていることがわかります。

次に、固定費の１億３６８９万５０００円を限界利益率の63・１%で割ると、損益分岐点売上高は２億１６９４万９０００円。これを売上高の２億３４０４万５０００円で割り、１００をかけることで求められる経営安全率は、約92・７%。損益分岐点売上高までに７・３%の余裕があることになります。言い換えれば、売上が７・３%落ちても、まだ利益は出るということです。

図表56 ● A社の経営安全率（22期）より

（単位：千円）

売上高　　234,045

費用の分解　　変動費　86,427

　　　　　　　固定費　136,895

限界利益 ＝ 234,045 － 86,427

　　　　 ＝ 147,618

$$\text{限界利益率} = \frac{147{,}618}{234{,}045} \times 100 \fallingdotseq 63.1\%$$

損益分岐点売上高 ＝ 136,895 ÷ 63.1%

　　　　　　　　 ＝ 216,949

$$\text{経営安全率} = \frac{216{,}949}{234{,}045} \times 100 \fallingdotseq 92.7\%$$

　B社はどうでしょう（次ページ図表57）。まず、B社の42期の決算書から経費分解を行った結果、固定費が９５５５万５０００円、変動費は１億４２８９万２０００円となりました。売上高の２億３９１５万１０００円から変動費の１億４２８９万２０００円を引くと、９６２５万９０００円。これがB社の限界利益です。

　したがって、限界利益率は、９６２５万９０００円を売上高の２億３９１５万１０００円で割り、１００をかけたものですから、約40・２％となります。A社と比べると、20％以上、低い数値となってしまいました。

　損益分岐点売上高は、固定費の９５５５万５０００円を限界利益率の40・２％で割った２億３７６９万９０００円。そして最後に、損益分岐点売上高の２億３７６９万９０００円を売上高の２億３９１５万１０００円で割

図表57● B社の経営安全率（42期）より

（単位：千円）

売上高　239,151

費用分解　変動費　142,892

固定費　95,555

限界利益 ＝ 239,151 － 142,892

＝ 96,259

$$\text{限界利益率} = \frac{96{,}259}{239{,}151} \times 100 \fallingdotseq 40.2\%$$

損益分岐点売上高 ＝ 95,555 ÷ 40.2%

＝ 237,699

$$\text{経営安全率} = \frac{237{,}699}{239{,}151} \times 100 \fallingdotseq 99.4\%$$

り、１００をかけて経営安全率を求めます。ここで得られた数値は99・４％。売上高が損益分岐点ぎりぎりということですから、ほとんど儲けはありません。

Ａ社とＢ社の売上規模はほぼ同じですが、Ａ社の限界利益率63・１％に対してＢ社の限界利益率は40・２％。また、Ａ社のほうが固定費が高いにもかかわらず、損益分岐点売上高はＡ社が２億１６９４万９０００円、Ｂ社が２億３７６９万９０００円であり、Ａ社のほうが低くなっています。Ｂ社と比べて低い売上でも収支がとんとん、あるいは利益が得られるということです。

最後に経営安全率を比較すると、Ａ社の92・７％に対してＢ社は99・４％。Ａ社は売上が７・３％減少しても赤字にはなりませんが、Ｂ社には０・６％の余裕しかありません。売上が少しでも減少すると、すぐ赤字に転落することを示しています。

ポイントはやはり、限界利益率の差でしょう。製造業の場合、付加価値イコール限界利益だとお話ししましたが、A社の限界利益率がB社の限界利益率を20％以上も上回っているということは、A社がそれだけ付加価値の高い仕事をしていることを示しているのです。

◆損益分岐点を応用した採算性分析のケース・スタディ

本章では、採算性分析についてお話ししてきましたが、そもそも**採算性分析の目的は、必要とする利益を上げるにはどれくらい売上を達成すればよいのかという目標設定にあります。**

しかし、ビジネスは生き物ですから、利益も、経費も、売上高も、日々刻々と変化します。一度、売上目標を設定すれば、それで終わりというわけではないのです。

ここでは損益分岐点分析の応用問題として、A社とB社を例にとりながら、何らかの条件が変化した場合、利益と経費と売上高の関係がどう変わっていくかを一緒に分析してみたいと思います。

① 売上高が増減すると、利益はどう変わるか?

固定費も限界利益率も変わらず、売上が１０００万円増加した場合、A社とB社の利益はどう変わるでしょうか（次ページ図表58）。

まずA社の場合ですが、１０００万円をプラスした売上高は２億４４０４万５０００

図表58●ケース１　売上高が増減したときの利益を求める計算式

千円	＝	千円	×	%	−	千円
新しい利益		新しい売上高		限界利益率		固定費

図表59●売上が1000万円増えたときのA社とB社の利益

A社の利益

17,097 千円	＝	244,045 千円	×	63.1 %	−	136,895 千円
新しい利益		新しい売上高		限界利益率		固定費

B社の利益

4,604 千円	＝	249,151 千円	×	40.2 %	−	95,555 千円
新しい利益		新しい売上高		限界利益率		固定費

円となります。したがって、その場合の利益は、（新しい売上高２億４４０４万５０００円×限界利益率63・１%）から固定費の１億３６８９万５０００円を引いた１７０９万７０００円。現在の利益が１０７２万３０００円ですから、６００万円以上アップすることになります（図表59）。

Ｂ社の場合は、１０００万円をプラスした売上高は２億４９１５万１０００円。これに限界利益率の40・２%をかけ、固定費の９５５５万５０００円を引くと、４６０万４０００円。現在の利益は68万５０００円ですから、約４００万円のアップとなります。

② 固定費が増減すると、損益分岐点売上高はどう変わるか？

Ａ社、Ｂ社ともに固定費が３％アップした場合、それぞれの損益分岐点売上高はどう変わるでしょうか（次ページ図表60）。

Ａ社の場合、固定費が３％増えると、金額では約４１０万７０００円増となります。現在の固定費は1億３６８９万５０００円ですから、新たな固定費は1億４１００万２０００円。これを限界利益率の63・1で割った2億２３４５万８０００円が新しい損益分岐点売上高です。

つまりＡ社では、固定費が３％上がると、2億１６９４万９０００円だった損益分岐点売上高が６５０万９０００円アップして2億２３４５万８０００円になります。しかし、Ａ社の現在の売上高は2億３４０４万５０００円ですから、依然として黒字です（図表61）。

一方、Ｂ社の場合は、固定費が３％増えると金額では約２８６万７０００円アップしますから、９５５５万５０００円が９８４２万２０００円となります。これを限界利益率の40・2％で割った2億４４８３万円が新しい損益分岐点売上高です。

つまり、Ｂ社では、固定費が３％上がることによって、2億３７６９万９０００円だった損益分岐点売上高が７１３万１０００円アップし、2億４４８３万円になります。現在のＢ社の売上高は2億３９１５万１０００円ですから、損益分岐点売上高を下回ることとなり、Ｂ社は赤字に転落します。

図表60●ケース2　固定費が増減したときの損益分岐点売上高を求める計算式

$$\underset{\text{新しい損益分岐点売上高}}{\boxed{\qquad\text{千円}}} = \frac{\overset{\text{固定費}}{\boxed{\qquad\text{千円}}} \pm \overset{\text{固定費の変化分}}{\boxed{\qquad\text{千円}}}}{\underset{\text{限界利益率}}{\boxed{\qquad\%}}}$$

図表61●固定費を3%上げたときのA社とB社の損益分岐点売上高

A社の固定費の増加分　136,895千円　×　3%　≒　4,107千円

$$\underset{\text{新しい損益分岐点売上高}}{\boxed{223{,}458\text{ 千円}}} = \frac{\overset{\text{固定費}}{\boxed{136{,}895\text{ 千円}}} + \overset{\text{固定費の変化分}}{\boxed{4{,}107\text{ 千円}}}}{\underset{\text{限界利益率}}{\boxed{63.1\quad\%}}}$$

従ってA社の損益分岐点売上高216,949千円は、223,458千円となる。

B社の固定費の増加分　95,555千円　×　3%　≒　2,867千円

$$\underset{\text{新しい損益分岐点売上高}}{\boxed{244{,}830\text{ 千円}}} = \frac{\overset{\text{固定費}}{\boxed{95{,}555\text{ 千円}}} + \overset{\text{固定費の変化分}}{\boxed{2{,}867\text{ 千円}}}}{\underset{\text{限界利益率}}{\boxed{40.2\quad\%}}}$$

B社の損益分岐点売上高237,699千円が、244,830千円となり、B社は赤字に転落する。

図表62●ケース3　変動費が増減したときの損益分岐点売上高を求める計算式

[　　　千円] ＝ [　　　千円] －（ [　　　千円] ± [　　　千円] ）
新しい限界利益　　売上高　　変動費　　変動費の変化

[　　　％] ＝ 新しい限界利益 [　　　千円] ／ 売上高 [　　　千円] × 100
新しい限界利益率

[　　　千円] ＝ 固定費 [　　　千円] ／ 新しい限界利益率 [　　　％]
新しい損益分岐点売上高

③　変動費が増減すると、損益分岐点売上高はどう変わるか？

Ａ社、Ｂ社ともに変動費が２％下がると、損益分岐点売上高はどう変化するでしょうか（図表62、63）。

Ａ社の変動費は、８６４２万７０００円から約２％に当たる１７２万９０００円が減り、８４６９万８０００円となります。したがって、売上高の２億３４０４万５０００円から新しい変動費を引いた新しい限界利益は１億４９３４万７０００円となります。これを売上高で割り、１００をかけた新しい限界利益率は63・８％。そこで、固定費の１億３６８９万５０００円を、この新しい限界率で割って得られる２億１４５６万９０００円が、新しい損益分岐

図表63●変動費を2%下げたときのA社の損益分岐点売上高の変化

A社の変動費の減少分 ＝ 86,427千円 × 2% ≒ 1,729千円

$$\underset{\text{新しい限界利益}}{\boxed{149{,}347\text{千円}}} = \underset{\text{売上高}}{\boxed{234{,}045\text{千円}}} - \left(\underset{\text{変動費}}{\boxed{86{,}427\text{千円}}} - \underset{\text{変動費の変化}}{\boxed{1{,}729\text{千円}}}\right)$$

$$\underset{\text{新しい限界利益率}}{\boxed{63.8\ \%}} = \frac{\overset{\text{新しい限界利益}}{\boxed{149{,}347\text{ 千円}}}}{\underset{\text{売上高}}{\boxed{234{,}045\text{ 千円}}}} \times 100$$

$$\underset{\text{新しい損益分岐点売上高}}{\boxed{214{,}569\text{ 千円}}} = \frac{\overset{\text{固定費}}{\boxed{136{,}895\text{ 千円}}}}{\underset{\text{新しい限界利益率}}{\boxed{63.8\ \%}}}$$

つまりA社は変動費を２%減少することによって、損益分岐点売上高216,949千円が214,569千円と低くなる。

$$\text{経営安全率} = \frac{\overset{\text{新しい損益分岐点売上高}}{\boxed{214{,}569\text{ 千円}}}}{\underset{\text{売上高}}{\boxed{234{,}045\text{ 千円}}}} \times 100 = 91.6\%$$

また経営安全率は92.7%から91.6%と低くなり、1.1%の改善となる。

図表64●変動費を2%下げたときのB社の損益分岐点売上高の変化

B社の変動費の減少分　＝　142,892千円　×　2%　≒　2,858千円

99,117 千円 ＝ 239,151千円 －（ 142,892 千円 － 2,858 千円 ）

新しい限界利益　＝　売上高　－（　変動費　－　変動費の変化　）

新しい限界利益率 42.3 % ＝ 新しい限界利益 99,117 千円 ／ 売上高 234,045 千円 × 100

新しい損益分岐点売上高 225,898 千円 ＝ 固定費 95,555 千円 ／ 新しい限界利益率 42.3 %

B社は変動費を2%減少することによって損益分岐点売上高237,699千円が225,898千円と低くなる。

経営安全率 ＝ 新しい損益分岐点売上高 225,898 千円 ／ 売上高 239,151 千円 × 100 ＝ 94.5%

経営安全率は99.4%から94.5%と低くなり、4.9%の改善となる。

点売上高となります。

　つまりA社では、変動費を2%減少することによって、損益分岐点売上高を2億１６９４万９０００円から2億１４５６万９０００円へと、２３８万円引き下げられることになります。

　さらに、新しい損益分岐点売上高を売上高で割り、１００をかけた経営安全率は91・6%となり、１・１%の改善となります。財務状態にますます余裕が生まれるわけです(図表63)。

　B社の場合は、変動費は1億４２８９万２０００円でしたから、その2%は約２８５万８０００円となり、新しい変動費は1億４００３万４０００円です。したがって、新しい限界利益は売上高から新しい変動費を引いた９９１１万７０００円。これを売上高の2億３４０４万５０００円で割り、１００をかけた42・3%が、新しい限界利益率です。

　そして新しい損益分岐点は、固定費の９５５５万５０００円を新しい限界利益率で割って得られる2億２５８９万８０００円。B社の損益分岐点売上高は2億３７６９万９０００円でしたから、１１８０万１０００円も改善することになります。同時に経営安全率も、99・4%から94・5%へと4・9%も改善します(図表64)。

④ 必要(目標)利益を含めた損益分岐点売上高はどう変わるか?

　ここまでは、売上高、費用、利益の関係に焦点を当てながら、「利益ゼロ」となる損

図表65●ケース4　必要(目標)利益を含めた損益分岐点売上高を求める計算式

$$\underset{\text{新しい損益分岐点売上高}}{\boxed{\quad\quad\text{千円}}} = \frac{\overset{\text{固定費}}{\boxed{\quad\quad\text{千円}}} + \overset{\text{必要(目標)利益}}{\boxed{\quad\quad\text{千円}}}}{\underset{\text{限界利益率}}{\boxed{\quad\quad\%}}}$$

益分岐点売上高の出し方を中心にお話してきました。しかし、会社は利益を上げなければならない組織です。「利益ゼロ」では意味がないのです。したがって、その収支は本来、必要（目標）利益を含めた損益分岐点売上高で管理しなければなりません（図表65）。

Ａ社、Ｂ社ともに、固定費と限界利益率は現状のまま、経常利益３００万円を目標とする損益分岐点売上高を計算してみましょう。

Ａ社の場合、固定費の１億３６８９万５０００円に必要（目標）利益の３００万円を加えると１億３９８９万５０００円。これを限界利益率の63・１％で割ると、２億２１７０万４０００円という新たな損益分岐点売上高が得られます。

Ｂ社の場合は、固定費の９５５５万５０００円に３００万円を加えて９８５５万５０００円。これを限界利益率の40・２％で割ると、新しい損益分岐点売上高は２億４５１６万２０００円ということになります。

利益として同じ３００万円を確保するにも、限界利益率の高いＡ社と比べて、低いＢ社のほうがより大きな売上高を必要と

図表66●目標利益300万円を含めたA社とB社の損益分岐点売上高の変化

A社の場合

新しい損益分岐点売上高 221,704 千円 ＝（固定費 136,895 千円 ＋ 必要（目標）利益 3,000 千円）÷ 限界利益率 63.1 ％

B社の場合

新しい損益分岐点売上高 245,162 千円 ＝（固定費 95,555 千円 ＋ 必要（目標）利益 3,000 千円）÷ 限界利益率 40.2 ％

限界利益率の低いB社の方がA社にくらべより大きな売上高が必要になる

することがわかります。言い換えれば、限界利益率が高いほど、楽に利益を増やせるということなのです（図表66）。

以上のように、採算性の分析では、視点を変え、条件を変えながら、あらゆる仮説を検討することができます。

たとえば、限界利益率をどれくらい上げれば、どのくらいの売上で利益が出るようになるのか。また、限界利益率を上げるためには、変動比率を下げるか、売上をアップするか、どちらが簡単か。営業利益を上げるためには、限界利益アップを図るべきか、それとも固定費を削るべきなのか……。そのような試算も可能です。あらゆる視点からシミュレーションを行うことで、ほとんどの疑問に対する答えが見えてくるのです。

エピローグ

今こそ、意識改革のとき

社長夫人が変われば、会社も変わる

2
3
4
5
6
7
8
9
10
11
12

◆「自分を見つめる機会を得て、自分の役割がわかった」

私が顧問契約をしている会社で、実際に体験した出来事です。

機械部品を製造しているその会社では、リーマン・ショック以降、御多分に漏れず仕事が激減し、社内のムードは沈滞化する一方でした。

社長の口から出てくるのも、「打つ手がない」とか「どうせ中国には勝てない」など、景気の悪い愚痴ばかり。まずは社長自身が元気を出さなければ始まらないのですが、あまりにも心労が多く、疲れ切っている様子です。むやみに励ますことで、ますます社長を追い詰めることになってはいけません。

社長の代わりに、社内のムードを高められるような人はいないだろうか……。社長夫人も一生懸命やっていますが、まだまだ全社員からの信頼を得るところまでいっていません。私は経営幹部たちの顔を一人ひとり見回しました。そして、人事担当の常務に目が止まったのです。

常務は古くからいる幹部の一人で、若い社員からも尊敬されていました。ただ、おだやかで控えめな人柄のせいか、自分の意見を主張したり、表に出て目立つ活躍をしたりすることがありませんでした。私は「そんな常務だからこそ、社内の雰囲気を変えられる。常務が動けば、みんなが動いてくれるに違いない」と思いました。

中堅社員以上が集まる業務会議の日。いつもなら社長と並んで私が前の席に座り、社員たちの顔を見ながら司会をします。しかしその日は、いちばん後ろに向かって声をかけました。

「常務、こちらに来ていただけませんか。今日は常務に司会進行をお願いします」

常務は一瞬、驚いた顔をしましたが、やがて覚悟を決めた様子で歩いて来て、司会者の席に座りました。そして、立派に司会進行の務めを果たした後、こんな感想を口にしたのです。

「今日まで私には自分の役割がわかっていませんでした。でも今日、こちら側に座ることで、常務としての役割に気づきました。自分を見つめるチャンスをいただき、ほんとうにありがとうございました。これからは社長の手となり、足となり、会社を立て直すため精一杯がんばる覚悟です」

社員の間から自然と拍手が起こり、常務は深々と頭を下げました。

この日、確実に一人の社員が変わりました。それは、会社全体が変わり始めるきっかけに過ぎません。一人が変わり、別の一人が影響を受け、また別の社員がそれをフォローする……。組織とは、そんなふうにして変わっていくものではないでしょうか。

翌月、私はふたたびその会社を訪れ、社長と面談しました。すると驚いたことに、わずか1カ月前には、「打つ手がない」「未来なんかない」と言っていた社長が、夢を語り始めたのです。

「中国にどんどん仕事が流れていくというけれど、まだまだ品質管理や納期の面では負けないと思う。まずは日本国内で生き残ること。そのためには社内の人材育成が大切で……」
数字は変わらない――。これは私の口癖です。数字はそれだけでは変わりません。でも、人が変われば、数字も変わるし、組織も確実に変わっていくのです。結局のところ、会社を動かしているのは人なのですから。

社長夫人が変われば、会社はもっともっと伸びる

もちろん社長夫人も、会社を変えていく大きな可能性をもつ一人です。

「社長夫人革新講座」の受講生のなかには、ある時期から、何かがスコーンと抜けたかのように変わり始める人がいます。以前は会社や社長に対する不平不満を並べるばかりで、自分からは何も働きかけようとしなかった社長夫人が、「私がやらなくては……」と考え始めるのです。

「社長夫人革新講座」では、社長夫人の心得から経営分析や資金繰りの方法まで幅広く学びます。本書でもその一部である決算書のつくり方と読み方をご紹介してきました。しかし、それらの学習を通して、私が社長夫人たちにいちばん学んでほしいのは「意識改革」です。まずは社長夫人としての役割を認識し、責任を自覚してほしいのです。

「私がやらなくては……」と思い始めたときから、社長夫人は変わります。会社にとって、そして誰よりも社長にとってどれほど心強いことでしょう。

社長は孤独な存在です。不安や悩み事があっても、社員の前で軽々しく弱音を吐くわけに

はいきません。どんなに迷いがあっても、決断しなければならないときもあります。そして、会社の運命も社員の生活も含めて、すべての責任を負っているのです。

顔には出さないかもしれませんが、社長はいつも周囲とのコミュニケーションを求めています。誰かが自分のほうを向いて、悩みや不安を共有し、一緒に考えてくれることを欲しています。社内にそういう相手が得られれば、社長はずっと強くなれるし、発想も豊かになるはずです。

では、そういう相手になれるのは誰でしょうか。社長夫人、あなたが第一候補です。社長夫人が社長を理解し、社長に協力し、社長を元気にしてあげることができれば、会社は確実によくなっていきます。

ところが残念なことに、多くの中小企業では社長と社長夫人の関係がうまくいっていません。理解し、協力し合うのではなく、不満を抱き合ったり、無視し合ったりしているケースが少なくないのです。社長と社長夫人がことあるごとに対立し、いがみ合っている会社さえあります。

そんな状態では、この厳しい時代を生き残ることはできません。会社のためにも、社員のためにも、社長夫妻の関係を改善する必要があります。

まずは社長夫人のほうから変わってみませんか。社長夫人が変われば、社長も変わるはず。少なくとも、社長夫人の目に見えていた社長の姿は違ってくるはずです。それが、社長を理解し、支えていくための第一歩となるのです。

◆社長の夢と社員の幸福を実現するために

会社は何のために存在するのでしょう。私はいつもこう答えます。

「会社を経営する目的は、社長の夢と社員の幸福の実現です」

あら、それじゃあ私の夢はどうなってしまうの……？

私の幸福はどうでもいいの……？

社長夫人のなかには、こんなふうに思う人もいるかもしれません。でも、考えてみてください。社長の夢が現実のものとなり、社員がみんな幸せな生活を営めるとしたら、社長夫人にとってもこれほど幸せなことはないでしょう。

そのためにも、社長夫人としての役割や心得を学び、会社のため、社員のためになすべきことを学んでください。そして、社長のパートナーとして役立つために必要な知識や技術を学びましょう。それらは、社長夫人が社長をしっかりと支え、会社を成長させ、社員やその家族たちの幸福を実現するための強力な武器となるはずです。

最後に悲しいエピソードをご紹介したいと思います。社長夫妻が自分たちの役割や立場を誤解し、経営に関する知識も足りなかったために、両親から引き継いだ会社を倒産させてしまった話です。

社長夫人に頼まれて、初めてその会社の決算書を見たとき、私は愕然としました。数年前から業績が傾いていることはあきらかで、ほとんど危機的な状況にあったのです。

それでも何とかもっていたのは、人件費が極端に低く、社員の平均年収が３００万円に満たなかったためです。30歳以上で扶養家族のいる社員も多いというのに、そんな年収では食べていくだけで精一杯でしょう。

さらに驚かされたのは、社員を低賃金で働かせていながら、社長夫妻が二人合わせて２４００万円もの役員報酬を受け取っていたことでした。

「これは、おかしい」と私は説明しました。ただでさえ経営が悪化しているのに、こんな高額な役員報酬を出していたら、あっという間に破綻してしまいます。社員ががんばって働くはずもありません。会社の理念も何もない。忠誠心どころの話ではない。社員にとっては、生活できるかどうかの瀬戸際だというのに……。

しかし、社長には私が言っている意味がわからない様子でした。創業者一族である自分たちは特別だという意識をぬぐい去ることができず、高額な役員報酬を受け取るのは当然だと思っていたようです。

1年半後、その会社は倒産しました。そのとき、社長夫妻が初めて口にした言葉が忘れられません。

「自分たちは何も勉強せず、何の努力もせず、無知なままに会社を経営してきた。その結果、親からもらった会社を倒産させてしまいました」

企業の経営者には、それなりの社会的責任があります。社長夫人は、その責任を社長と共有しています。「知らなかった」ではすまされないこともあるのです。

中小企業にとって厳しい状況が続いている現在、社長夫人の苦悩はまだまだ続くでしょう。問題や課題も山積していることでしょう。

でも、考えようによっては、次々に課題に立ち向かえるのは幸せなことです。問題を一つ解決できたからこそ、次の問題にとりかかれるのですから。一つひとつ問題を解決し、成果を出しながら、次に進んでいく。そんなところにこそ、社長夫人としての感動や喜びがあり、幸福があるのではないでしょうか。

ぜひ、あなたなりの「社長夫人の幸福」を見つけてください。

■矢野　千寿（やの　ちず）
1942年山口県下関生まれ。67年家業の福岡支店を開設し、14年間経営に参画。81年夫の闘病生活を支えるため第一線から引き、出版社の経理として転職。赤字体質企業を財務面から改善し、短期間で優良企業に。86年夫と死別。87年会計事務所に入社し、顧問先を経営指導。97年コンサルティング会社㈱アローフィールドを設立し、代表取締役に就任。現在、“日本初！社長夫人育成コンサルタント”としてテレビ・ラジオ・雑誌・セミナーなどで活躍中。とくに『社長夫人革新講座』を通じ、多くの社長夫人の戦力化に成功。これまで800人を超える社長夫人が卒業し、ナンバー2として社長を支える活躍をしている。

連絡先　株式会社アローフィールド
〒811-1365　福岡市南区皿山1-6-13
tel 092-512-2697　fax 092-553-3306
http://www.ganbare-fujin.com

これからの社長夫人は財務分析のプロになれ！

2011年4月10日　初版発行

■著　者　矢野千寿
■発行者　川口　渉
■発行所　株式会社アーク出版
〒162-0843　東京都新宿区市谷田町2-7　東ビル
TEL.03-5261-4081
FAX.03-5206-1273
ホームページ http://www.ark-gr.co.jp/shuppan/
■印刷・製本所　三美印刷株式会社

ISBN978-4-86059-103-8